平凡社新書
978

金正恩が表舞台から消える日

北朝鮮 水面下の権力闘争

五味洋治
GOMI YŌJI

HEIBONSHA

金正恩が表舞台から消える日●目次

まえがき

北朝鮮は、過去もっとも苦しい状況に直面している。それはしばしば、「三重苦」と呼ばれる。まず、新型コロナウイルス。二つ目は核・ミサイル実験に対する国際社会からの制裁、三つ目は北朝鮮を襲った集中豪雨による被害と、それに起因する食料難だ。

コロナウイルスに関して北朝鮮は、国境の完全封鎖という極端な方法を取り、「感染者は一人もいない」と主張している。世界的な流行が収まらない中で、一年以上、国境封鎖を続けた。物不足が深刻化しており、国民の生活は危うくなっている。金正恩《キムジョンウン》総書記の政権運営は、これまで以上に不安定なものになるに違いない。

二〇二一年一月に北朝鮮は五年ぶりとなる朝鮮労働党の党大会を開き、幹部の若返りを図った。新たな国家経済発展五ヵ年計画を打ち出したが、目標とする具体的な数字は公表できなかった。発表しようにも、貿易、観光が止まっているため、出しようがないのだろう。

私はもうひとつ、北朝鮮の「苦」をあげたい。苦というのがふさわしくないなら課題、もしくは時限爆弾と言ってもいい。

それは正恩の健康状態だ。まだ三〇代の若さとはいえ、体重は一四〇キロもある。とても健康的な体型とは言えない。さらに、国政が思うにまかせないためか暴飲暴食をしていることが、数々の証言から明らかになっている。年々、公開活動は減り、逆に活動の空白期間が増えている。二一年には約一ヵ月ぶりに公の場に姿を現したが、急に痩せており、病気説も流れている。

正恩には子どもが少なくとも三人いるとされ、一番上は男の子で、二〇一〇年生まれだという。権力を子どもに引き継ぐためには、少なくとも正恩はこれから一〇年間、トップの座にいなければならない。果たして可能だろうか。

正恩が敬愛する祖父は心臓疾患で、父は心筋梗塞で亡くなっている。同じ体質を受け継いでいるだろう正恩にとって、自分の体調こそ最大の「不安要素」に違いない。

代わりに、実の妹、金与正《キムヨジョン》朝鮮労働党副部長が、存在感を高めている。すでに、兄から権力の多くの部分を委任されている。韓国、米国との交渉や国内の治安対策、新型コロナウイルスのワクチン対策も担当しているという。万が一、正恩に重大な健康上の問題が起き、執権が不可能になった場合には、「一時的な代役」として、トップの座に就く可能性がある。一方、北朝鮮は核と経済の並進路線という矛盾した政策を変えられないでいる。

政権内部で対立が起きるかもしれない。

超監視社会である北朝鮮で、クーデターや市民の蜂起、大量脱北などあり得ないという見方が一般的だ。ただ北朝鮮は、ロシアやミャンマーなどで起きた民衆デモのニュースが、自国内に流入しないように神経を尖らせているという。幹部や市民を対象とした新たな監視、統制機関も設置しており、治安の維持に相当な危機感を持っている。

本書は、二〇年以上北朝鮮をウォッチしてきた私が、さまざまなルートで把握した内容をふまえ、金正恩の健康状態、金与正の役割、側近たちの顔ぶれ、さらに新たな対北朝鮮政策を作り上げ、交渉をスタートさせる米国のバイデン新政権との関係などについてデータを盛り込みつつ、できる限り掘り下げたものである。

米国と中国の対立が深まる中、北朝鮮は東アジアにおいてキャスティング・ボートの役割を果たすに違いない。本書を手に取ってくださった方に、多少なりとも実状を把握するための判断材料を提供できればと願っている。なお本書を書き進めるにあたっては、平凡社新書編集長の金澤智之さんに、丁寧なアドバイスをいただいた。この場を借りて感謝申し上げたい。なお文中の肩書きは、原則として当時のものであり、敬称は略している。

五味洋治

第一章 金正恩の健康をめぐる情報戦

金正恩朝鮮労働党委員長（現・総書記）が最近手術を受けたとの情報を伝える韓国のテレビニュース。2020年４月（共同）

体をむしばむ時限爆弾

金正恩総書記が出てくる映像を3D（立体）として把握し、その体格の変化をひたすら追いかけている組織がある。韓国の情報機関・国家情報院（国情院）だ。北朝鮮からのニュース映像を克明にチェックし、スーパーコンピュータで計算し、健康状態を確認する最新のシステムを構築しているという（朝鮮日報、二〇一八年一一月三日）。

正恩が特定の行動を繰り返した場合、その原因も推測できるという。たとえば手を後ろに組んで歩く動作を繰り返したら、腰や下腹部などに痛みを感じている可能性がある。足を引きずることや、座ることが増えれば、足の指などが腫れる痛風の発作が疑われる。

国情院関係者によれば、金正恩がメガネをかけるのは祖父・金日成に似せて見せる目的もあるが、そのふるまいから見て遠視のためと判断されている。

また二〇一二年の時点で、一六七センチの身長に九〇キロだった体重は一六年には一三〇キロに増え、急激に肥満が進んでいる。現在は、体重はなんと一四〇キロとされている。これは国家情報院が公表している数字だ。

肥満の程度を示す指標としては、体脂肪率（体重のうち脂肪が占める割合）を見るのが正確だが、調べるのに手間がかかる。このため身長（メートル）と体重（キログラム）から手軽に割り出すBMIと呼ばれる指数がある。体重を身長の二乗で割るものだ。世界保健機関（WHO）や、世界各国でも肥満の程度を表す指標として広く採用されている。

正恩に当てはめると五〇近くとなり、超肥満に分類される。お腹は大部分が脂肪の塊《かたまり》になっているとみていい。この数値が高ければ高いほど、高血糖、脂質異常症、高血圧など生活習慣病の六つの症状が発生しやすくなる。これらは深刻な病気の引き金となる。正恩の数値は病院で治療を受けなければならない水準だろう。腹は年々大きく張り出しており、体をむしばむ時限爆弾は、確実に秒を刻んでいる。

また国情院によると、肥満の影響で睡眠時無呼吸症候群を患っている可能性が高い。睡眠障害は男性ホルモン（テストステロン）の分泌が低下することで起きやすい。正恩は年々皮膚や唇が黒くなっている。何らかの関連疾患を持っていることも考えられる。

国家情報院はこの最新の「正恩分析プログラム」を通じて、「いくつかの生活習慣病があるが、健康は比較的良好だ」と判断しているという。生活習慣病があるが健康というのは矛盾しているが、これは国情院が国会に報告した内容だ。

このように、情報機関が正恩の健康状態を精密にチェックしているということ自体、健康状態に相当な懸念を持っている証拠だろう。

金正日の料理人だった藤本健二は二〇一六年に訪朝した際、正恩と会った。この時、正恩が「一晩にワインを一〇本飲み、胃の調子が悪い」と話すのを聞いている。食べ物では、スイス特産のエメンタール・チーズを好んで食べることが知られている。自国で製造しようとしたこともあるという。

「主体思想の聖地」

「党と政府の幹部らと武力機関幹部らが、前日、錦繡山《クムスサン》太陽宮殿を訪ねた」。二〇二〇年四月一六日、北朝鮮の国営メディア・朝鮮中央通信（KCNA）が短くこう伝えた。「主体思想（北朝鮮の思想）の聖地」「永遠なる太陽の聖地」と呼ばれるこの宮殿は、重要な祝日に合わせて正恩ら政権幹部が大挙して参拝する場所だ。

錦繡山太陽宮殿は、もともとは金日成主席の官邸だった。名前も錦繡山議事堂で、国家の主要行事の会場であり、外部の賓客《ひんきゃく》を迎える場所だった。

建物は、金日成が六五回目の誕生日を迎えた一九七七年に完成した。その錦繡山議事堂で九四年に大がかりなリフォームが始まった。金日成が死去し、その遺体を安置する場所に変えるためだ。息子で、後継者である金正日がじきじきに工事を指揮した。錦繡山議事堂は錦繡山記念宮殿へと正式に名前を変えた。金一族の記念館となり、九五年七月八日、金日成死去一年に合わせて、再開館した。

金日成主席の銅像がある「永世ホール」と主席の遺体を永久保存した「追慕ホール」がある。遺体保存には、スターリンやレーニンの遺体保存で知られるロシアが技術協力した。ここは、権力者を半永久的に追悼する北朝鮮式のピラミッドと言えよう。

当時、北朝鮮は苦難の行軍と呼ばれる食料不足の時期で、一〇〇万人ともいわれる餓死者が発生していたが、それでも二億一〇〇〇万ドル（一ドルは現在のレートで約一〇七円）を投じた（韓国KBSテレビ「クローズアップ北韓」二〇一三年七月一三日放送）。

二〇一一年、錦繡山記念宮殿は、再び大きな変化を迎える。この年の一二月、金正日が急死し、彼の遺体も錦繡山記念宮殿に保管されることになった。

記念室の規模も広げ、金日成と金正日が生前に使った物品を展示する部屋を増築した。その物品の数は、大方の想像をはるかに超えていた。二人が海外から贈られた勲章をはじめ、実際に使った乗用車、船、列車の実物も展示された。建物の前の広場は大規模公園として整備された。計八億九〇〇〇万ドルという莫大な費用がかかった。

開館を前にした二〇一二年二月、錦繡山記念宮殿は錦繡山太陽宮殿と、再び名称が変更された。ますます仰々しい名前になった。

錦繡山宮殿を参拝しなかった事情

さて、前項の報道を目にした韓国政府や北朝鮮の専門家の間には、衝撃が走った。最高指導者である正恩への言及がなかったためだ。もし参加していれば、報道の中で必ず触れているはずだ。とすると欠席したのか……。

その後、労働党機関紙の労働新聞に載った写真にも、正恩の姿はなかった。崔龍海《チエリヨンヘ》最高人民会議常任委員長、朴奉珠《パクボンジュ》党副委員長、金才龍《キムジエリヨン》首相など北朝鮮の高位幹部らの姿だけだった。

二〇二〇年の四月一五日は、祖父・金日成主席の一〇八回目の誕生日にあたった。正恩は権力の座に就いてから、毎年四月一五日には部下を引きつれ宮殿へ参拝に訪れていた。この宮殿には、祖父の金日成主席と、父金正日総書記の遺体が安置されている。まだ三〇代と若く、カリスマに欠ける正恩は、祖父と父の威光を借りて政治を行う必要がある。祖父と父を祀《まつ》った大切な宮殿に、なぜ正恩は行かなかったのか。さまざまな説が浮上した。健康に問題が起きた。新型コロナウイルスを避けた。実績を残したので、もう先代のカリスマにすがらなくてもいいと考えたなどだった。だが、どれも決め手に欠けた。

北朝鮮の権力構造の研究で知られる、韓国・世宗研究所の鄭成長《チョンソンジャン》・北朝鮮研究センター長の説明が分かりやすい。鄭は、四月一六日に不参拝の意味についてのニュースレターを各方面に送っている。

彼は、不参拝を「非常に失礼な事件」と表現し、「金正恩委員長の健康や身辺に一時的にせよ、異常が発生した可能性がある」と結論づけていた。

鄭センター長の説明はこうだ。正恩は自身の権力を正当化するために、祖父と父の出生日や死去した日には、必ず錦繡山宮殿を参拝した。二人に対する忠誠心を誇示しなければならないからだ。それを欠かしたのには相当な事情がある、ということだ。

健康不安説が一気に拡大

時計を少し戻そう。「失礼な事件」が起きる直前の四月一一日、労働党政治局会議が開かれた。この会議は、実質的に党の運営を担う幹部たちが集まる会議で、重要な決定や人事が行われる。巨大な円卓に、正恩を含め二七人の政治局委員と局員候補が出席した。政治局の序列について簡単に説明すると、上から、政治局常務委員、政治局委員、政治局員候補となる。

会議では、正恩の実妹、金与正の政治局員候補への復帰が決まった。この人事は、彼女が政権の中枢に入ったことを意味する。兄の消息が途絶えるのとタイミングを同じくして与正が昇進したことには大きな意味があるはずだ。

与正は、二〇二〇年に入って韓国と米国に向けコメントも発表するようになっていた。対外関係を総括する立場にもなった。軍は兄が管轄するものの、その他の重要部門は妹に任され、地位も上がったのだろう。

この会議以降、正恩の姿が消えた。そして一五日の錦繡山宮殿不参拝で、正恩の健康不安説が一気に拡大していく。

正恩が長期間にわたり姿を見せないことは、過去にもあった。二〇一四年には四〇日にもわたった。どんな国でも、国家指導者がひと月以上国民の前に姿を見せなければ、大騒ぎになる。北朝鮮のような独裁体制の国家では、表だって報道されないものの、噂が広がり、国外にも拡散する。

一四年九月三日、平壌で開かれた牡丹峰《モランボン》楽団の祝賀公演を、正恩が観覧したと朝鮮中央通信が報じた。ところが、翌日から消息がぷっつり途絶えてしまう。

共和国創建記念日（九月九日）と、最高人民会議代議員大会（九月二五日）といった重要行事が続いたが、正恩の姿はなかった。北朝鮮で金日成と金正日の誕生日の次に重要とされる一〇月一〇日の労働党創建記念日に、錦繡山宮殿を参拝しなかった。

当然、健康異変説が韓国のメディアで報道され始めた。重症説、脳出血、死亡、亡命、

金正恩総書記　過去の不在期間

	消息不明日数（消息確認日）
2014年	40日（9月4日～10月13日） 足を引きずり、杖を使う映像が公開された。足を手術したと報道された。9月9日の建国記念日の式典、25日に招集された最高人民会議、10月10日の労働党創建行事をすべて欠席
2019年	22日（5月10日～5月31日）
2020年	21日（1月26日～2月15日）
	20日（4月12日～5月1日） 祖父・金日成の命日である太陽節（4月15日）の行事に不参加、死亡説も広がる

出典：聯合ニュース

クーデターなど、ありとあらゆる可能性が提起された。

ただ、この期間中、外国の要人に自分名の書簡を送っていることが報道されており、健在であるとの見方も強かった。北朝鮮は指導者の権威が高いだけに、ありもしない活動を報道することはタブーだ。表面だけ取り繕って、ニセ動静を報道することはない。

そんな中、一〇月一三日に、正恩が平壌で現地指導を行った。翌一四日、朝鮮中央通信が、その時の写真を伝えた。「不便な体にもかかわらず、人民のために指導者の道を炎のように続けておられる」との内容だった。正恩の体の異変を、北朝鮮メディアがはっきりと伝えたのだった。これ以上隠せないと本人が判断したのだろう。

「不便」の意味はすぐ分かった。

労働新聞（一〇月一四日）の一面に、正恩が杖を突いて歩く写真が掲載されたからだ。労働新聞には、北朝鮮市民が金正恩の久しぶりの動静報道を目にして「歓声を上げた」「目頭を熱くした」とする記事も載った。本当のところ、足を引きずる若い指導者の姿に、市民たちは不安な気持ちを抱いたに違いない。

実は正恩の公開活動は減少を続けている。その分、消息が伝えられない期間も増加している。韓国政府は、活動が会議中心になっていることが影響していると説明しているが、そう簡単ではない。つまりは「外に出たがらなくなっている」ということを意味している。指導者として相当なプレッシャーを感じており、何らかの精神的な問題も抱えていると読むべきだろう。

CNNによる重体報道

二〇一四年九月から一〇月に起きた長期不在について、韓国の国家情報院は、次のような内容を国会に報告した（国情院は定期的に、収集した情報を国会の情報委員会に報告する。これは秘密裏に行われるが、ここに参加した国会議員が、メディアに概略を伝えるのが慣例になっている）。

報告によれば正恩は、この年の五月ごろ、左足首のくるぶしに嚢腫《のうしゅ》ができ、腫れて痛みが激しくなった。このためヨーロッパから専門医を招き、九月初めから一〇月初めの間に囊腫の除去手術が行われたというのだ。

病名は「足根管症候群《そくこんかん》」。英語では tarsal tunnel syndrome という。人間はくるぶしの部分に神経と動脈、静脈が集中している。ここに何らかの理由で損傷を受けると、神経も傷つく。その結果、足の裏から指にかけて、しびれと痛みが生じる。肥満のうえ、地方視察を繰り返し、足に無理を強いたことが病気の原因だとされた。

さらに、手術した医師らは「高度な肥満なのに活発に活動しており、運動を控えなければ囊腫が再発する可能性がある」とまで、警告していたという。国情院の担当者が、北朝鮮で手術した医師を割り出し、話を聞いたのだろう。

その後、一四年の時ほどの長期間の不在は確認されなかった。そして問題の二〇二〇年を迎える。この年四月に起きた正恩の長期不在は、その後、世界を巻き込んだ騒ぎに発展する。

前触れとなったのは北朝鮮情報を専門とする韓国メディア「デイリーNK」だった。内部消息筋の話として、「手術説」を伝えた。デイリーNKは、脱北者の情報網を使ったニュースメディアだ。

報道によれば、正恩は一二日に平安北道妙香山にある専用病院で心臓の血管の手術を受けた。正恩は術後、別荘で治療を受けたが、「状態が好転した」ため、現地入りしていた医療陣の大半は一九日に平壌に引き揚げたという。妙香山という地方に、高度な医療水準を持った病院があるのかという疑問はあるが、それなりに詳しい内容だった。

米CNNテレビが、同月二〇日（現地時間）に緊急報道を行ったことが騒ぎの引き金となった。

「正恩、手術を受け重篤（in grave danger）の情報」との見出しだった。金正恩が手術を受けて、非常に危険な状態にあるとの情報があり、米国政府が状況を「精査している」。この情報を直接的に知る立場の米政府当局者が明らかにしたと伝えた。米本国の記者だけでなく、韓国特派員も名前を連ねた大型記事だった。スクープとして意識していたのだろう。

CNNの報道が引き金となって、二一日午前の韓国の株式市場は大幅に下落した。

脱北者議員が「死亡」を証言

結局、この日の騒動は五時間ほどで一段落した。青瓦台《チョンワデ》（韓国大統領府）関係者が、打ち消しのコメントを報道機関に流したためだ。この日午後三時ごろ、この関係者は「正恩は、現在の側近たちと地方に滞在中であることを把握している」と述べた。北朝鮮の指導者の動向は、本来明らかにすべきではないが、混乱の拡大を抑える狙いがあったのだろう。

さらに「朝鮮労働党、軍部も非常警戒体制を取っていない。健康異常説を裏付けるに値する特異な動向はない。正恩は正常に活動しているものと思われる」と語った。そして、デイリーNKなどの報道は事実ではないと強調した。正恩が現在滞在している地域も、報道にあった妙香山の近くではなく、北朝鮮東部の元山だと語った。

韓国軍は、北朝鮮軍の無線通信を幅広く傍受している。突然無線量が増えれば、緊急事態が起きたことを把握できる。

韓国政府は、正恩の重体報道に慎重な見方だったが、一方で、念のため事実確認にも乗り出した。米国政府も動き出した。韓国の新聞は「突風が起きた」と騒ぎの拡大を伝えた。

韓国政府が重体報道を否定したことで、「正恩は正常活動中」という報道が広がったが、逆の情報を発信した人物もいた。韓国にいる脱北者たちだった。

なかでも著名な二人は、健康悪化を断定的に語った。太永浩《テヨンホ》と池成浩《チソンホ》だった。

太は元北朝鮮駐英公使で二〇一六年に韓国に亡命した。韓国に亡命した北朝鮮政府関係者の中では最高位の一人だ。二〇二〇年の総選挙で保守系最大野党「未来統合党」（現・国民の力）から当選し、国会議員となっている。

太はCNNに対して、「普通のことではない。本当に手術をしているかどうかは分からないが、自分で立ち上がって歩ける状況でないのは確かだろう」と述べた。

太は、金正日の死が二日間秘密にされており、北朝鮮の外相でさえ公式発表の一時間前まで、死去を知らされていなかったことも例にあげた。この徹底した秘密主義は、実際に北朝鮮の政府機関で働いてきた人間だからこそ分かることだ。

ただ太は「彼の本当の状態を確認できる人々は、金正恩の妻か彼の妹、または彼の側近だろう」とし、今後の動向を見守るべきだと強調した。

さらに踏み込んだ発言をしたのは池だ。「九九%死亡している」という刺激的な話をメディアに語り、日本をはじめ海外で大きく伝えられた。

情報が乏しい中、世界のメディアが、この発言を大きく伝えたのは当然かもしれない。しかしネットユーザーからは、「コッチェビ（孤児）出身の池が、極秘情報を知っているわけがない」と疑う声が数多く上がっていた。

北朝鮮に対する米国の情報収集力の限界

まさに突然の登場だった。

安堵した人、驚いた人、残念がった人。立場によって反応はさまざまだった。

二〇二〇年五月一日、金正恩が平安南道順川で肥料工場の完成式に出席した。朝鮮中央テレビが五月二日午後三時、正恩が完工式の会場にゆっくりした足取りで入場する映像を報道し、その健在を裏付けた。

与正から渡されたはさみを受け取り、幅の広いテープをカットした後、万歳を叫ぶ市民に手を振って応えた。彼の動向が報じられるのは実に二〇日ぶりだった。

ただ、正恩のテープカットを伝える写真には、不自然な点もあった。正恩は完成式を祝う大型のパネルの前に座っていたが、そこには「順川リン肥料工場竣工式　2020年5月1日」と書かれていた。

北朝鮮では正恩の動向について、身辺の安全に配慮して基本的に日付を明らかにしない。日付が分かるような写真も使わない。使う場合でも北朝鮮独自の暦である「主体暦」の年号を併記するのが通例だが、この時は西暦だけだった。この日の日付を西暦で大きく示すことで、指導者の健在ぶりを世界にアピールしたかったと考えられる。

テープカットに出席した正恩は、以前より顔がやや腫れぼったい印象だが、健康を損ねている様子は、うかがえなかった。ただ、右手の内側に黒い点のようなものがあった。これは何らかの理由で心臓に向け、細いカテーテルを差し込んだ跡ではないかとの推測もあった。肥満体質を変えるためのお灸《きゆう》治療の跡という説もあった。

歓声を上げて指導者の再登場を歓迎した市民らは、みなマスクをしていたが、正恩をはじめ幹部たちはマスクをしていなかった。その後、側近とともに、工場内を見て回った。大きな身振り手振りで、時々笑みをみせていた。

正恩の身辺に異変が起きたと主張した二人の脱北議員は、謝罪に追い込まれた。しかし、単に口から出まかせを言ったと見るべきではないだろう。彼らは、北朝鮮内外にいる反体制派から情報を提供されているからだ。

「正恩重体」というニセ情報は、実は北朝鮮側がわざと流し、誰がその情報を喋るか注視していたのではないか。いわばスパイ潰しや、攪乱《かくらん》を目的に戦略的に流すディス・インフォメーション（故意に流すニセ情報）だ。もしこの見方が正しければ、北朝鮮国内では彼らの情報源でもある反体制派が根絶やしにされたに違いない。

米国も、金正恩の長期不在について、全力で情報収集を行っていた。最新鋭の偵察機を、続々と朝鮮半島周辺に飛ばした。韓国紙・東亜日報（二〇二〇年五月六日）によれば、少なくとも八種類の米軍の偵察機が、四月一一日から五月一日の間約五〇回飛行し、北朝鮮内の動きを監視した。四月二七日だけで、偵察機五機が朝鮮半島上空に出動したという。

盗聴の任務を担当する米陸軍ガードレール三機、移動式発射台（ＴＥＬ）の動きを監視するジョイントスターズ一機、北朝鮮の砲兵を主に監視するクレージーホーク一機など、構成も多様だった。

正恩が肥料工場を訪れた五月一日にも、米軍が北東アジアに配置している偵察機が朝鮮半島に投入されていた。米軍の監視結果の一部は韓国政府にも伝えられた。韓国政府は独自の情報も加えて「北朝鮮内に特異な動向はない」と判断したという。

最先端の偵察機を朝鮮半島に飛ばしている米国は、やはり正恩の動静に関して豊富な情報を握っているのだろう。トランプ米大統領は一連の「行方不明騒ぎ」について四月二八日の会見で、「(行方は)だいたい分かっている。私からは言えない」と明かした。そのうえで「遠くない将来に、あなたたちも知るだろう」ともったいぶった言い方をした。正恩が健在であることは、事前に知っていたに違いない。

この騒動では、北朝鮮に対する米国の情報収集力の限界もうかがえた。この時、電子情報収集機を総動員しているところを見ると、北朝鮮国内には、実際に動く人間的な情報源(ヒューミント)はいないのだろう。

「ガラスの心臓」の血統

健在が確認されたからといって、正恩の健康に問題がないとはとても言えない。いやむしろ、疑念が深まったと言えよう。正恩の祖父である金日成、父である金正日はともに、心血管関連疾患に苦しんだ。いわば「ガラスの心臓」の血統なのだ。

金正恩総書記の身体状況

生年	1984年1月8日
体型	140キロ
	167センチ、BMI 40以上　超肥満
肺	腹部肥満と運動不足で肺容量が低下 荒い息をする
首	三重あごと首部肥満で睡眠時無呼吸症？
胸部	心血管疾患の危険性
膵臓	糖尿病、耐糖能異常（IGT）？
血管	高血圧、高脂血症？
飲酒	宴会場にワイン、ウイスキーなど並ぶ愛飲家
タバコ	チェーンスモーカー
膝足	足を引きずることがあり痛風？
祖父・金日成	心筋梗塞で1994年、82歳で死去 腹部肥満、喫煙、高血圧
父・金正日	脳出血後の2011年、心筋梗塞で死去 腹部肥満、糖尿、腎臓透析、喫煙、飲酒

出典：朝鮮日報電子版、2020年4月22日

　一九九四年七月八日、北朝鮮を四九年間統治した金日成が心臓疾患で死亡した。北朝鮮は一日後の九日、「重大放送」を行った。「首領様が心臓血管の動脈硬化症で治療を受け、積み重なる過労によって激しい心筋梗塞が発生した。心臓ショックを合併し死去された」と、死去を認める放送だった。

　金日成は当時、金泳三《キムヨンサム》韓国大統領との南北首脳会談を目前に控えていた。金日成は金大統領が泊まる予定の宿舎の点検を兼ね、経済関係の会議を妙香山特閣（別荘）で開いた。心筋梗塞で突然死亡したのは、この会議の途中だった。

　八二歳だった金日成は、「自分は四〇代の心臓を持っている」と自慢するなど、健康には格別の自信を見せていた。さらに南北首脳会談を前にしていただけに、突然の死亡はこ

の会談に反対する勢力による「他殺説」だともささやかれた。

金日成の死亡当日、平壌は豪雨に見舞われていた。金日成が突然ショック症状を起こしたことを知った金正日は医療スタッフを伴い、急いでヘリコプターに乗って妙香山の特閣へ向かった。しかし、すでに手遅れだった。

金日成の遺体は永久保存処理され、錦繡山記念宮殿に安置された。金日成は、金泳三の平壌訪問後、自身がソウルを答礼訪問する場合に備えて、「白頭山の金日成が来ました」で始まる演説の原稿まで書いていた。

金正日が、父・金日成が主導する南北首脳会談に反対して言い争いになり、それによるストレスで金日成が心臓麻痺を起こしたという、まことしやかな噂も広がった。また金正日が、倒れた父親の治療に意図的に時間をかけ、死亡に導いたという説もあった。主治医のミスがあったと指摘する声もあるが、真相は分からない。

三〇〇〇人の研究員が金一家の長寿を研究

金正日が亡くなったのは二〇一一年一二月一七日午前八時三〇分のことだった。現地指導の列車の中で、心血管系疾患である重い急性心筋梗塞と心臓ショックが重なった。金正日は生前、喫煙していた。糖尿病や高血圧などもあり、心筋梗塞を起こしやすい体質だった。

北朝鮮には金一家の健康管理を担当する「金日成長寿研究所」がある。正式名称は「万寿無疆研究所」という。

この中には三つの研究所がある。金一家や幹部の健康問題を研究している「基礎科学研究所」と、「万年の青春」を意味する「万青山研究所」、最高指導者の身辺警護を受け持つ護衛司令部に属し、「岩のように強い体」を意味する「青岩山研究所」だ。

中核組織である万青山研究所には、第一室から第七室まである。第一室は、国内外で長寿効果があるといわれる薬剤や食品素材などの総合分析を行っている。これらの研究所には、計三〇〇〇余人の高学歴の研究員が配属されている（韓国・中央日報、二〇一一年二月二二日）。

金日成長寿研究所出身で現在は韓国に住む漢方医石英煥《ソクヨンファン》は、韓国の人気ラジオ番組CBS「キム・ヒョンジョンのニュースショー」に出演し、「北朝鮮の医療界は、心臓が脆弱な金一家のために、心臓の研究に取り組み、心臓薬を数多く開発してきた」と明らかにした。正恩も特製の心臓薬を飲んでいるのだろうか。

指導者の健康情報は極秘扱い

軍を掌握し、独裁的権力を振るう北朝鮮の指導者の動静は常に関心を集めるが、その反面、過去に数多くの誤報を生んできた。

さかのぼると一九八六年一一月一七日、韓国の有力紙・朝鮮日報が「金日成　銃で撃たれ死亡」と大々的に伝えたことがある。東京の外交関係者の間で噂が広まっており、権力闘争が起きていると断定する内容だった。このころ北朝鮮の異変は、在日同胞の多い東京に伝わることが多かった。

ところが、この直後、金主席は死亡どころか、外国からの賓客を迎えるため平壌の空港に元気な姿を見せた。これは朝鮮日報の歴史に残る大誤報となった。

金正日も、たびたび消息が途絶えた。そのたびに病気説、死亡説が提起された。韓国の専門家によれば、「のべ六回ほど身辺異変説が報道された」という。

北朝鮮は、海外の憶測報道に反発することはあまりない。むしろ、噂が飛び交う混沌とした状況の中に指導者がいきなり再登場して、健在を印象づける。「政治的効果」を狙って、公の場に登場しているようにも思える。

逆に、過去に北朝鮮の指導者が死去した時、韓国を含む外国の報道機関は確実な情報を手に入れることができなかった。金日成主席の場合は死後約三四時間後、金正日総書記は約五一時間後に、北朝鮮からの報道で初めて死亡を確認できた。

一〇代からの喫煙歴と「荒い呼吸音」

正恩は三〇代後半と若い。先に触れたように身長は一六七センチだが、体重は一四〇キロ超で愛煙家だ。韓国の国家情報院によれば、正恩は体重が四年間で四〇キロ増加したという。ウエストも相当なもので、四五インチ（約一メートル一四センチ）と推測されている。日本の相撲取りにも負けない腹部肥満の体型だ。

正恩を間近で見たジャーナリストはほとんどいない。二〇一九年六月三〇日の米朝首脳による板門店会談を密着取材した米フォックス・ニュースの司会者、タッカー・カールソンは、正恩を近い距離から目にした数少ない人間の一人だ。

カールソンは、ぜいぜいという荒い呼吸音が聞こえ、「肺気腫患者のように息が切れていた」と語った。そして「（米朝首脳会談という）歴史的な瞬間が彼を息苦しくさせたのかもしれない。私は専門家ではないが、彼の健康状態がとても悪いと思った。それが、私が最初に思ったことだ」と印象を述べている。

正恩にささやかれている病気、症状をまとめてみよう。糖尿、高血圧、肥満、痛風、心臓疾患、座骨神経痛、それに前出の足根管症候群などだ。

金ファミリーの料理人として知られる藤本健二は、正恩が一〇代の時からタバコを吸っていたと証言している。日本でも一時発売されていた「イヴ・サンローラン」ブランドのタバコを好んで吸っていたという。父の金正日は、日本のマイルドセブンを好んでいたと伝えられる。北朝鮮のタバコより、味に深みがあるからだ。

ちなみに北朝鮮では日本製なら何でも人気がある。セイコーの時計、カシオの腕時計、キヤノンのカメラなどだ。日本製のタバコを好む人も多い。缶入りのピースは根強い人気があり、筆者も北朝鮮の友人にプレゼントしたことがある。

金正恩の「専用灰皿」を与正が持ち歩く理由

二〇一八年は、南北朝鮮の関係が珍しく順調だった。南北首脳会談が実現し、韓国の政府高官がたびたび平壌を訪れた。この年三月五日、文在寅《ムンジェイン》大統領側近の鄭 義溶《チョンウイヨン》大統領府国家安全保障室長が平壌を訪問し、正恩の隣に座った。

この時、正恩が頻繁に喫煙するため「タバコは体によくない。おやめになったらどうか」と冗談交じりに禁煙を勧めたという。すると同席していた側近である金英哲《キムヨンチョル》党副委員長らの表情が凍りついた。

雰囲気を察知したのか、同席していた李雪主《リソルジュ》夫人が話を引き取り、「いつもタバコをやめてほしいと頼むのに話を聞いてくれない」と言って場の雰囲気を和らげたという（朝鮮日報、二〇一八年四月九日)。

正恩は現地指導するたびに火のついたタバコを手に持ったまま、さまざまな指示を出す。病院や学校・幼稚園視察時も室内で平気でタバコを吸う。愛煙家であることは広く知られており、正恩が座っている所には必ず灰皿が置かれている。妻の李雪主が妊娠中にも、すぐ隣に座り平気でタバコを吸っていた。

韓国政府関係者は、「金正日もヘビースモーカーだったが、国営メディア報道では喫煙シーンを編集し、消していた」と説明する。ところが、「正恩は全く意に介さないようだ」。われわれが、北朝鮮の報道を通して感じる正恩の過度な喫煙こそ、最大の健康リスクと言っていいだろう。

二〇二〇年一一月に北朝鮮は禁煙法を採択し、公共の場所での喫煙を処罰する方針を打ち出したことがある。ところがその後、正恩が党の重要会議で、タバコを手にしたまま指示を出す様子が国営メディアで映し出されている。どうしてもやめられないようだ。

地方視察や外交の場に同行することの多い妹の与正は、常に兄のために専用の灰皿を携帯している。この「専用灰皿」の存在は、思いがけないところで捉えられた。

二〇一九年二月二六日、正恩は約七〇時間の列車の旅を経て、米朝首脳の再会談が予定されていたベトナムに入った。

中国国境に近いベトナム北部ランソン省のドンダン駅のホームに、緑色に黄色のラインが入った北朝鮮の特別列車が滑り込んできたのは同日午前八時（日本時間午前一〇時）過ぎのことだった。

小雨模様の中、ベトナム側は儀仗兵《ぎじょうへい》や小旗を持った市民を並べて歓迎の準備をしたが、金正恩はなかなか出てこなかった。やっとゆっくりとした足取りでホームに降り立った。ドンダン直前の駅で、特別列車が三〇分間停車した。この時、正恩は列車を降りてタバコを取り出し、自分でマッチを擦って一服した。火の消えたマッチ棒は、律儀に自分でマッチ箱にしまった。疲れたのだろう、時々自分の目を両手でこすっている。周囲にいる人と話している時も、タバコを口にしたままだ。そこに笑顔の与正が近寄り、両手に持った灰皿で吸い殻を受け取った。灰皿はガラス製のようで、普通は机の上に置かれているような透明で大きなものだった。

兄専用の灰皿を持ち歩くというとマナーがいいと思われるかもしれないが、ここには別の理由がありそうだ。吸い殻を捨てると唾液が残り、そこからDNAを検出され、体調について知られる危険がある。それを警戒しているのだ。この一部始終は、日本のTBSが撮影し、世界に報道された。何気ないシーンだったが、正恩のタバコ好きを証明し、兄と妹の信頼関係も映し出す貴重なシーンとなった。

情報機関はタバコの銘柄の変化をチェック

韓国や米国の情報機関は、正恩のタバコの銘柄にも注意している。たかがタバコと思ってはいけない。公開情報として得られる貴重なものだ。どんな銘柄を吸っているかで、体調が推測できる。しかも、北朝鮮メディアは、正恩のタバコをたびたびニュースで映し出してくれる。

正恩が公に姿を見せ始めたころは、北朝鮮産の「7・27」ブランドのタバコを吸っていた。これは朝鮮戦争（一九五〇～五三年）の休戦日（北朝鮮では祖国解放戦争との名前で、勝利記念日という扱い）にちなんだ名称だ。箱には平壌のシンボルである祖国解放戦争勝利記念塔がデザインされている。比較的強いタバコだ。

その後、「建設」というメンソールタバコを吸い出した。タバコの箱には、建設現場を背景に赤い旗を掲げた労働者の姿が描かれている。ニコチン含有量は、一ミリグラム、タール含有量は一〇ミリグラムとなっている。人によって感じ方は違うが、「建設」もけっして軽いタバコではない。

最近、正恩が再び好みのタバコを変えたことが分かった。二〇一九年までは北朝鮮産のタバコ「建設」を吸う姿が何回も目撃されていた。ところが二〇二〇年には「松」に変わった。このブランドは、北朝鮮でもあまり知られていないという（朝鮮日報、二〇二〇年五月三一日）。

「松」ブランドのタバコを吸っているのが確認されたのは、二〇年二月二八日。人民軍部隊らの合同打撃訓練を参観した時のことだ。他の会議でも、この銘柄のタバコを吸っていた。「松」の成分はまだ不明だが、推測するに、さらに軽いタバコだろう。

二〇一八年五月の報道写真には、正恩のシャツの胸元から白い貼り薬のようなものが見えていた。胸に付けられていたことから、ケガなどではなく禁煙補助用のパッチではないかとの推測が出て、記事にもなった。このパッチにはニコチンが含まれており、毎日新しいものを体に貼ることによって、タバコを吸いたいという気持ちが抑えられるという。

このパッチは同じ箇所に付けると、皮膚がただれるため、違った場所を選ぶ必要がある。何回も禁煙しようとしたものの失敗し、代わりに軽いタバコを選んでいるとすれば、呼吸器系に何かトラブルがあるとも推察できる。

国情院の情報収集力の低下

韓国の情報機関・国家情報院は、北朝鮮に関しては幅広い情報収集力がある。私の推測だが、カウンターパートである北朝鮮側の情報機関と、深い情報をやりとりしているようだ。

正恩の移動経路（動線）把握は、もっとも基礎的で重要な業務だ。身体上の変化を把握するため、スーパーコンピュータまで使って分析を行っていることはすでに紹介した。

これまで蓄積された数十年分の動線情報も追跡に活用している。いつどこに行くことが多いかを、公式報道から拾い集めてデータベース化しているのだという。

その国情院の実力が、最近落ちているとの評価がある。韓国の月刊誌「月刊朝鮮」（二〇一一年四月号）のインタビューを受けた国情院の元工作員も、国情院の情報収集力の低下を認めている。

金大中《キムデジュン》大統領、盧武鉉《ノムヒョン》大統領という進歩政権で国情院の改革が進められ、人員整理が行われたせいだ。

金大中政権以前までは、平壌に通じるさまざまな情報ラインを持っていたという。しかし経験のない国内専門の職員を海外に派遣したため、工作活動がばれて中国とロシアなどから追い出されるケースが相次いだ。専門性も低下しているという。

「過去に一〇の対北朝鮮情報ラインを持っていたとすれば、今は二、三に過ぎない」（前出の元工作員）。

以前は「われわれが管理する人が平壌に深く入り込み、金日成、金正日に対する情報を持ってきたこともあった」と振り返っている。

過去における大きな成果は、金正日に関するものだった。「月刊朝鮮」（二〇〇八年一二月号）によれば、国情院は、二〇〇八年八月に脳卒中で倒れた金正日の脳を撮影した複数のスキャン画像を入手した。

北朝鮮の通信をハッキングし、入手した暗号ファイルの解読に成功したという。この画像を分析した結果、「五年は生きられない」と結論づけ、当時の李明博《イミョンバク》大統領に報告された。本当だとすると大金星だった。

国情院が予測した時期よりも数年早く、金正日の死は訪れた。二〇一一年一二月一七日、金正日総書記は専用列車の中で死去した。ところが、突然の死を国情院は全く察知できていなかった。

それは、同月一九日午前、大統領府では李明博大統領の七一回目の誕生日と四一回目の結婚記念日を記念するパーティが開かれていたことからも分かる。この日北朝鮮は、四回も「特別放送」を流すと予告していた。

普通なら予定していた行事を中止し、最悪の事態に備えるべきだろう。ところが韓国の大統領府では職員二〇〇人余りが予定通り集まって、のんびりと歌をうたって誕生日を祝っていた。李大統領は、大統領府職員らと一緒に昼食をとる予定だった。それがこの日の昼になって北朝鮮が突如、金正日の死去を伝えたため、急いで予定を取り消すあわてぶりだった。

北朝鮮を二四時間監視しているはずの軍当局も死去を知らなかった。金寛鎮《キムグアンジン》国防相はこの日午前、軍の改革案を説明するために国会に向かっていた。その途中で死去の知らせを聞き、あわてて国防省に戻り、大統領府で開かれていた国家安全保障会議（SNC）に参加した。

南北関係を主管する統一省も、北朝鮮の放送を聞いて大騒ぎとなった。統一省幹部は、担当記者らとともに北朝鮮のテレビ番組を視聴していた。その時、突然アナウンサーが黒い喪服で登場し、死去を伝えたため、顔色を変えて、長官室に直行したという。

韓国外務省当局者もメディアに対し、「北朝鮮が予告している特別放送というのは南北関係や、内部の要人と関連した発表だろう」と語るなど、軽く見ていた。北朝鮮内部の動きが全くつかめていなかったのだ。

健康情報を知るのは数人だけ？

中国は金正日の死去を、発表前に知っていた節がある。もちろん公式には認めてはいない。中国は平壌の中心部に大使館があり、市内の異常に気がつきやすい。さらに、平壌には中国系の人たちもおり、情報が豊富だ。北朝鮮の政権内にも中国シンパがいるとされる。北朝鮮との対話を準備していた米国政府も、金正日の死去を把握できていなかった。もしできていれば、韓国側に知らせていたはずだ。韓国政府が悠長に構えていたのは、米国からの情報がなかったからもあるだろう。

もちろん正恩の身体に関する詳細な情報も、実の妹である金与正など近親者以外、簡単にはアクセスできない。

正恩の死亡情報が世界を駆けめぐってから一年後、二一年の四月一五日がやってきた。正恩は妻や、少数の側近とともに錦繡山宮殿を参拝し、異変は感知されなかった。このため健康不安説は今のところ、収まっている。

しかし正恩に万が一にも異変が生じることになれば、「白頭《ペクトウ》血統」（金ファミリーの血統のこと）を持つ誰かに権力が委譲されるか、集団指導体制に入る可能性もある。大きな政治的混乱が発生することも考えられる。そのリスクが、日に日に強まっている。

ちょうど北朝鮮は、二〇二一年に朝鮮労働党の規約を改正し、総書記の正式な代理人となる「第一書記」のポストを新設した。最高権力者に次ぐ役職を正式に設置するのは北朝鮮では異例だ。これも正恩の健康問題と関係があるに違いない。

第二章

金与正が「毒舌姫」に変身した理由

米朝首脳会談に臨むために、ベトナム北部ドンダン駅に到着した金与正党第1副部長。2019年2月（共同）

三通りの出生年

金正恩総書記の健康問題がくすぶり続ける中、注目を浴びているのが、正恩の妹である与正だ。兄とともに政権を運営しているだけでなく、万一のことが起きたら一時的であれ、与正が権力を握るのは間違いない。肩書きは何回か変わっているが、常に側近として権力を持ち続けている。

与正について分かっていることは、あまり多くない。生まれた年もつい最近までさまざまな説があった。韓国統一省がまとめた「二〇一八 北朝鮮主要人事人物情報」では、与正の出生年は未詳となっており、わざわざ「八七年生まれ、八八年生まれ、八九年生まれ説が存在する」と注釈がついていた。

与正については、米政府の財務省外国資産管理室（OFAC）が二〇一七年に、「人権侵害に関わった」として特別指定制裁対象（SDN）名簿に掲載した。そこには「一九八九年九月二六日」と表記されている。この食い違いの理由はよく分からない。

私が推測するに、与正がかつてニセのパスポートで何回か海外を旅行した際のデータに振り回され、混乱が起きた可能性がある。ニセのパスポートには、わざと誕生年をずらして記載していたのではないかと思われる。誕生日まで変えてしまうと記憶しづらいので、年だけずらすことは北朝鮮がニセのパスポートを作る際によく行っていることだ。

韓国統一省は最近、彼女の生年月日を一九八八年九月二六日に統一した。その理由について「いろいろなことを総合して判断した」とだけ説明している。生年を確認する何らかの根拠を入手したようだ。ちなみに兄の正恩は、一九八四年一月八日生まれが定説だ。

与正の母親は大阪出身で、後に北朝鮮に渡った舞踊家の高容姫《コヨンヒ》。父は金正日だ。二人の間には正哲《ジョンチョル》、正恩、与正の計二男一女がいる。

日本生まれの母親、高容姫は公式の場では日本語を使っていなかったというが、与正は日本語ができると韓国で報道されている。また日本のアニメが好きで、人気アニメ『美少女戦士セーラームーン』のファンだったとの証言もある。

一九九〇年代に長男の正哲がスイスに留学した。その後、与正も正恩とともにスイス・ベルン郊外に住み、近所の学校で学んだ。最高指導者の子どもだけに、ひと目を気にせず外国でのびのび教育を受けさせたいという思いがあったようだ。金正日は他の女性と正式に結婚していた。このため、在日コリアンとの間で秘密裏にもうけた子どもの存在を、隠しておきたいとも考えたのだろう。

スイスでの秘密めいた生活

スイスでの正恩と与正の身分は、北朝鮮大使館に勤務する運転手の子どもになっていた。正恩は「パク・ウン」、与正は「チョン・スン」という偽名を使っていた。ドイツ語やフランス語を学んだという。与正は成績がよく、バレエのレッスンも受けていた。

しかし、スイスの情報当局は、この二人の身辺警護が厳重なことに気がついた。いつもボディーガードがついており、しかも北朝鮮の大使館関係者が幼い二人にお辞儀をするなど不思議な行動を取っていた。同級生は好奇の目で二人を見た。

正恩自身が同級生に「自分はコリアの王様の子どもだ」と漏らしたこともあった。当局は二人と本国との電話連絡を傍受し、ひそかに観察していた。

母の高容姫も、子どもたちに会うためスイスをたびたび訪れた。スイスのジュネーブにある国連北朝鮮代表部外交官名の偽名パスポートを使っていた。スイスの情報当局は、高容姫が必ず金正日の専用飛行機である北朝鮮の高麗航空機でスイスに入り、身につけているバッグや装飾品も高価なものばかりであることに関心を寄せた。

高容姫はスイス滞在中、チューリッヒの有名な高級ショッピング街バーンホフシュトラッセをよく訪れ、高級時計や化粧品、おもちゃを買いあさった。スイスの情報当局は、彼女が最高幹部の関係者であるとの確信を持つようになった。まもなく韓国や日本の情報当局もマークを始めた。外交官の資格でスイス大使館に勤務する両国の情報関係者が、二人の通う学校を遠くから観察するようになっていった。

一方、正恩はドイツ語が苦手で、学校にも馴染めなかった。クラスメートは、仲間に加わらない正恩を「シャイ・ボーイ」と呼んだ。正恩と与正は親元から離され、鬱々とした日々をともに過ごした。二人の絶対的な信頼関係は、この時期に築かれた。

ところが、スイスで身辺の世話をしていた母の妹である高容淑《コヨンスク》と、夫の李剛《リガン》の夫婦が一九九八年、米国に亡命してしまう。動機について夫婦は米当局に、「金正日の秘密を知りすぎ、北朝鮮に帰るのが怖くなった」と話したと伝えられる。金正日の周辺にいた幹部が、相次いで粛清されていたことを恐れたようだった。二人は米国でクリーニング店を開いていたが、今は仕事がなく、自叙伝をまとめているという。

正恩と与正は、叔母夫婦の亡命によって自分たちの身分が明らかになるのを恐れ、クラスメートに何も告げず突然帰国してしまう。

「鼻毛があったら権力を譲っていた」

帰国後の足取りはよく分かっていない。ただ与正は二〇〇九年ごろから、金日成総合大学特設班に通ったという。この大学を卒業した脱北者、周成河《チュソンハ》（成賀とも書く）の証言だ。周は脱北後、韓国の有力紙・東亜日報で働く一方、自分のYouTubeチャンネルを持ち、北朝鮮に関する情報を発信している。そこで与正の大学生活を明らかにした。

周によれば特設班というのは正規コースでなく、与正のためにわざわざ特設したものだった。法律を学んだという（大学では物理や経済を学んだという報道もある）。

学校には民族衣装の白いチマ・チョゴリ姿で通った。約二〇人の同級生がいたが、全員女性で事実上の警護係だった。彼女たちは今も、与正のスタッフとなって、補佐しているという。与正の背後には、優秀な女性スタッフが大勢いるのかもしれない。

大学の建物には教員専用のエレベーターがあった。与正をはじめ特設班の女学生が乗ってくると教員たちは自分から下り、先を譲ったという。与正が最高指導者の娘と知っていたからだ。

大学を卒業後、与正は父・金正日の秘書を務めた。金正日は政治に関心のない正哲には希望がないとして、正恩、与正のうち、どちらかを自分の後継者にしたいと考えていた。

北朝鮮には「メンドリが鳴けば家が滅びる」（女性が政治に口を出すと家は滅びる）ということわざも定着している。根強い女性への偏見だ。しかし金正日は積極性と判断力、処世術の面で与正を気に入っていた。

韓国の有力紙・中央日報（二〇二〇年四月二三日）は韓国の元政府高官の話として、父・金正日が生前、与正に対して「鼻毛があったら（男だったら）権力を譲っていた、と話をしたことがある」と伝えた。

元政府高官はまた、「北朝鮮は男性を好むが、これだけ評価を受けていれば、（正恩の後継としては）与正以外の選択肢はない」と述べたという。

兄に忠実な「第一秘書」

二〇一一年一二月、父・金正日が視察中の地方で急死し、正恩が後継者となった。葬儀の際、与正の姿が公式メディアで初めて報じられた。黒い喪服を着て激しく泣く、小柄な女性だった。なぜかそれまで知られていたふっくらした顔つきが、大きく変わっていた。「何か病気があるのではないか」との見方さえ出るほどだった。

結婚していることは確認されているが、夫が誰かはっきり分かっていない。最高人民会議（日本の国会に相当）の崔龍海常任委員長の息子ではないかという話が出たが、後に否定された。正恩が軍に勤務していた時、世話をしてくれた先輩の軍人との説。北朝鮮の外貨稼ぎ部門である労働党三九号室関係者、大学の同級生だとの報道もある。

軍人出身で著名な脱北者である安燦一《アンチャンイル》は自身のYouTube放送の中で、与正の夫について「護衛司令部の兵士だった」との情報を明らかにし、関心を集めた。与正の警護係であり、身分の差を乗り越えての結婚だったという。結婚後には昇進し、朝鮮労働党で勤務しているようだと述べた。

韓国政府はどう見ているのだろうか。韓国の情報機関・国家情報院の徐薫《ソフン》院長は二〇一八年一〇月の国会情報委員会で、与正の夫は「平凡な出身の人」だと答えている。政権幹部の息子ではないという意味だろう。

韓国統一省などによれば、与正は二〇一二年ごろ、宣伝や思想統制を行う党宣伝扇動部の政治行事第一課長となった。一四年には同部の副部長に昇格している。兄のヘアスタイル、ネクタイ、メガネまで決めていたとされる。北朝鮮は米国のプロ・バスケットボール選手デニス・ロッドマンを招いたことがあるが、これも与正のアイデアだったという。

兄の公式行事には常に随行する。一八年以降に実現した南北、米朝首脳会談の席でも兄に寄り添っていた。周囲に気を配り、ペンを渡し、花束を代わりに受け取る。北朝鮮の市民が与正を「最高指導者の第一秘書」と呼ぶのも分かる。一方で、兄に関するイベントで、脇目も振らず飛び回る与正を見て、「なぜあれほどまで、献身するのか」といぶかしがる北朝鮮市民も少なくないという。

「幼いころから海外でも一緒に生活した正恩は、与正にとって自分の父親以上の存在だ」

と韓国の北朝鮮専門家の一人は話す。彼女なりに兄の精神的、肉体的もろさを分かっており、気を利かせながら支えているのではないか。

与正は二〇一八年二月、党の第一副部長に昇進した。何人かいる副部長の筆頭という意味だ。韓国国家情報院出身の北朝鮮専門家、金正奉《キムジョンボン》は「正恩が毎年新年に出していた談話の内容もチェックし、万里馬速度（全ての分野で大飛躍、大革新をもたらす自力更生運動のこと）といった国の人民動員計画なども考えているようだ」と韓国のテレビ番組で語った。

与正はふだん笑顔を絶やさず、活動的な印象を受ける。その一方で、時々あごを上げ、相手を見下すような冷たい表情を見せる時もある。北朝鮮内では、父・金正日に似て、性急で気難しいとの評価もある。彼女の性格や考え方は、まだはっきり分かっていない。

金与正の主な歩み

党中央委員会副部長、中央委員	1988年生まれ
1998年８月～2000年	兄とともにスイス留学
2014年３月	最高人民会議第13期代議員
2017年10月	党中央委員会政治局候補委員
2018年２月	平昌五輪で訪韓、文大統領と会談
４月	南北首脳会談の北側代表団団員
６月	米朝首脳会談の北朝鮮側代表団
2019年２月	第２回米朝首脳会談、北側代表団
３月	最高人民会議第14期代議員
12月	党中央委員会第１副部長
2020年３月	与正が韓国政府を低能と批判
４月	党中央委員会政治局候補委員
６月	南北共同連絡事務所爆破
８月	国情院、北朝鮮で委任統治と発表
2021年１月	党中央委員、副部長に降格

「北朝鮮のイヴァンカ」

二〇一八年の平昌冬季五輪の前まで、南北関係は冬の時代が続いた。

李明博、朴槿恵《パククネ》という二代にわたった保守系大統領が、北朝鮮に強硬な姿勢を貫いたためだ。南北間で不幸な事件も多かった。

二〇〇八年には観光客の射殺事件が起き、これをきっかけに韓国政府は北朝鮮南部の金剛山観光を中断した。二〇一六年に韓国政府は、北朝鮮の弾道ミサイル実験に対抗して、南北共同事業である開城工業団地を閉鎖した。かねてから、この二つの事業からの外貨収入が、兵器開発に使われていると危険視する声が多かったためだ。

北朝鮮は核実験やミサイルの発射実験を重ね、国際的な孤立を深めていた。そこに北朝鮮との関係改善を公約に掲げる文在寅大統領が登場、北朝鮮も徐々に姿勢を変えた。二〇一八年の平昌五輪には女子アイスホッケー選手の派遣を決め、友好ムードが広がった。

南北の融和役を任されたのが、与正だった。北朝鮮は、平昌冬季五輪を機に訪韓する高位級代表団に、金与正を加えると韓国に伝えた。所属は「党宣伝扇動部」となっていた。韓国メディアは、トランプ米大統領の娘の名前になぞらえて「北朝鮮のイヴァンカ」と呼び、連日大々的に報道した。この時から与正は次期女性リーダーとして急浮上した。

北朝鮮のナンバー2である金永南《キムヨンナム》最高人民会議常任委員長を団長とし、与正も加わった高位級代表団が二月九日午後一時半過ぎ、チャーター機で韓国・仁川空港に到着した。与正の訪韓は、北朝鮮最高指導者の直系血族としては朝鮮戦争後、初めてのことだった。ほかにも、いかつい顔つきの男二人が同行していた。崔輝《チエフイ》国家体育指導委員長、対南関係を統括する李善権《リソンゴン》祖国平和統一委員長だった。

チャーター機は白い機体に「朝鮮民主主義人民共和国」とのハングル文字と、北朝鮮の国旗が描かれていた。空港には韓国の趙明均《チヨミヨンギユ》統一相や大統領府幹部らが集まり、専用機の中に入って一行を出迎えた。専用機内は薄暗かったが、もっとも良い席に座っていたため、与正が特別待遇されていることはすぐに分かったという。

与正ら一行は、ソウル到着後、特急電車に乗って平昌の冬季五輪会場に向かい、開会式に参加した。開会式では、ペンス米副大統領と日本の安倍首相のすぐ後ろに座ったが、言葉は交わさなかった。一連の日程を終えた後ソウルに戻ってウォーカーヒルホテルに宿泊した。

このホテルは北朝鮮と縁が深い。都心から遠く離れており、しかも丘陵地にあって警備がしやすいためだ。韓国を訪問した北朝鮮の要人の宿舎として使われてきた。

一九九〇年代初めの南北首相会談と二〇〇〇年代初めの南北長官級会談や一九八五年、

二〇〇〇年の南北離散家族の対面事業など、数多くの南北行事がこのホテルで行われてきた。

朴正熙《パクチョンヒ》政権時代の一九七〇年代には秘密裏に北朝鮮の要人をソウルに招いた。そしてこのホテルで、踊り子たちが脚を高く上げて踊る、いわゆる「カンカン踊り」を見せたという。資本主義がいかに自由で闊達か、思想教育をしたのだった。その後はソウル市内の高級料亭やクラブに繰り出し、ともに酒を飲んだ。

ちなみに与正が泊まったホテルの客室内には、髪の毛一本落ちていなかったと報道されている。自分の髪の毛から検出されたDNAから、自分だけでなく、血のつながった兄の健康につながる情報が出ないようにという配慮だったのではないか、といわれている。

韓国滞在二日目の一〇日昼には、ソウルの大統領府で北朝鮮側代表団と韓国側との会談が行われた。北朝鮮側からは金永南や与正ら四人が出席した。与正は代表団の真ん中に座っており、もっとも重要なメンバーであることを証明していた。

韓国側からは政権幹部が総動員されていた。文大統領のほか、首相官邸の実質ナンバー2である任鍾晳《イムジョンソク》大統領秘書室長、趙明均統一相、徐薫国家情報院長らが会談に出席した。

会談の冒頭で目を引いたのは与正の表情だった。文大統領から握手を求められた与正は、握手の瞬間こそは笑顔を見せたものの、直後には少しあごを上げ、冷たい表情に戻った。

まるで、相手を見下しているかのような冷淡さを漂わせていた。韓国側の出席者は、与正の無表情な顔を見て、緊張しているのではないかと見ていた。

その後、与正らは再び五輪会場に向かい、南北合同アイスホッケーチームの試合を観覧した。白い服を着て、隣に座る文大統領と談笑する姿が報道された。

「金日成書体」を意識？

最終日の一一日には、李洛淵《イナギョン》首相らとソウルで面会した。同日夜には、任鍾晳大統領秘書室長主催の夕食会に招かれた。この場で与正は、「一つになる日を前倒しし、平壌で再びお目にかかりたい」と述べ、南北統一のきっかけを作りたい韓国政府を喜ばせた。

与正ら一行は同夜、北朝鮮・三池淵管弦楽団のソウル公演を文大統領とともに鑑賞した後、空路で北朝鮮に向けて出発した。二泊三日のあわただしい日程だった。文大統領は、この間、与正と計四回も顔を合わせた。「南では（あなたは）スターです。ファンクラブもできたかもしれません」と軽口まで叩いた。関係改善のため与正に大きな期待をかけていることが、はた目からもはっきり見てとれた。

北朝鮮の労働新聞（電子版）も一一日付一面で、文大統領と与正の会談、南北合同チームの試合を、それぞれ写真付きで報じた。本当に南北統一ができそうな友好ムードがただよっていた。

韓国訪問の際、与正の性格を知る具体的な手がかりが、一つだけ韓国側に残された。一〇日に文大統領を表敬訪問した際、大統領府芳名録に残した独特の筆跡だ。芳名録の写真は報道陣にも公開された。その直後にポータルサイトのニュース検索語の一位を占めるなど、高い関心を集めた。

彼女が書いたのは、「平壌とソウルが私たちの民族の胸中でさらに近づいて、統一繁栄の未来が前倒しになることを期待する」という、これまた韓国側を喜ばせる内容だった。

その文字が極端な右肩上がりなのだ。

韓国の筆跡分析家は、この字体について「平凡さに満足できず、人の上に立ちたいという心理を示している」と語り、各紙に掲載された。さらに「非常に肯定的で楽天的で、目標にしっかり向かい合う性格を意味しており、リーダーの特性が表れている」とも読み解いていた。その分析が正しいか私には判断できないが、強い個性を感じさせることは確かだった。

ところでこの字体は、祖父・金日成のものと特徴が似ていた。正恩も二〇一八年四月二七日、板門店で開かれた南北首脳会談の際、芳名録に文字を残している。「新しい歴史はこれから。平和の時代、歴史の出発点で」という内容だった。やはり文字は相当な右肩上がりだった。金一族はみな、「金日成書体」を意識しているのかもしれない。

「しっかり者」と国情院院長

謎めいた与正に、南北首脳会談などで四回も会い、言葉を交わした人物がいる。南北関係が良好だった金大中大統領時代（一九九八〜二〇〇三年）に、秘書室長として大統領を支え、北朝鮮ともパイプを持っていた朴智元《パクチオン》国家情報院院長だ。

二〇一八年四月二七日、板門店にある平和の家で開かれた南北首脳会談晩餐に参加した朴は、翌日、テレビ番組で与正の印象を聞かれ、こう答えた。「一言で表せば、トクスンイ（しっかり者）だ」。さらに続けて「酒もよく飲むし、話も上手だった」「聞き上手だった」。

そして、「北朝鮮の堅苦しい女性でなく、ソウルの金持ちの家で明るく育ったようなナイスレディーだ」と表現した。

次に会ったのは、金大中元大統領の妻の李姫鎬《イヒホ》夫人の死去（二〇一九年六月一〇日）の葬儀だった。金大中は、初めての南北首脳会談を実現しており、北朝鮮側も金大統領の家族を重視していた。弔問のため、正恩が韓国に送ったのが与正だった。板門店に弔意文と弔花を韓国側に届けた与正は、朴智元を含めた韓国側の出席者と言葉を交わした。

朴は、「公式的な話をしたが、これまでとは違う面を発見した。笑う時は笑いながらも、断固とした調子で話をすることもある」と驚きを込めて語っている。

朴はさらに「前に会った時よりも、はるかに元気で皮膚の色も顔の表情もとても良かった。元気で明るくてきれいな姿だった」と述べた。半分は社交辞令が混じっているのだろうが、好印象を受けていたのは間違いない。

米朝首脳会談でも正恩に随行

二〇一八年六月にはシンガポールで初の米朝首脳会談が実現した。祖父の金日成も、父の金正日も実現できなかったことだった。正恩にとってはもっとも誇らしい瞬間だったに違いない。両国の関係強化をうたう共同声明にも署名し、一応形式は整えたものの、北朝鮮の非核化と、それに見合う制裁解除は持ち越された。

この時も与正は、兄にぴったりと寄り添い、署名の時のペンを渡すなどかいがいしく手助けした。舞台裏に控え、重要な場面になると突然正恩の近くに現れることから、韓国では「瞬間移動」というあだ名までつけられた。

シンガポールまでの飛行機は、兄とは別の高麗航空便だった。これは、兄の乗った便に万が一のことが起きた場合、与正がトップとなり、北朝鮮を統率することを考慮したのではないか、との見方も広がった。

翌一九年二月、二回目の米朝首脳会談が行われた。舞台はベトナムの首都ハノイだった。北朝鮮からハノイまでは直線で約二七〇〇キロも離れており、専用列車に乗って片道約七〇時間もかかった。

北朝鮮が強い期待をかけたハノイ会談は、双方の条件が折り合わず、決裂した。首脳らによる昼食会や署名式もキャンセルされた。

なぜ決裂したのか、さまざまな憶測が乱れ飛んだ。二〇二〇年に発売されたボルトン前米大統領補佐官の回顧録で、その理由が明らかになった。会談で正恩は、「寧辺の核施設の廃棄」以外は譲歩せず、米国側が制裁解除に応じなかったのだ。

正恩は交渉失敗の怒りを、韓国に向けた。トランプ大統領との会談を仲介してもらったのはいいが、自分たちの主張が通らなかったからだ。

正恩の怒りは妹にも向いた。ハノイ会談の後、与正の姿が公式な報道から消えた。「会談の失敗の責任を取って謹慎中」との噂が流れた。約五〇日後、与正が、正恩らとマスゲームと芸術公演を鑑賞する様子が報道された。なぜこれだけ長期間公式な場に出てこなかったのかは不明だが、何らかのきっかけで兄の怒りが解けたのだろう。

突然、韓国に攻撃的に

与正の地位を確認できる絶好の機会が、二〇一九年に訪れた。この年の六月二〇日、伝統的友好国である中国の習近平《シーチンピン》国家主席が訪朝した。正恩時代になって中国は、北朝鮮に急速に接近した。北朝鮮との関係を強化し、共同して米国に対抗しようという考えからだった。この訪朝も、中国の国際戦略の一環だった。

習主席が専用機で平壌空港に到着した際、赤じゅうたんの上に朝鮮労働党の幹部がずらりと一列に並んで出迎えた。北朝鮮の権力序列を見事に示していた。列の七番目に立っていたのが与正だった。

彼女の前には長く米国との対話を担い、強硬派として知られる金英哲《キムヨンチョル》副委員長がいた。与正の次は金秀吉《キムスギル》朝鮮人民軍総政治局長だった。封建的な軍事国家、北朝鮮の最高幹部の中に、女性の与正が堂々と参加していた。

与正はこれまで、重要行事では「秘書役」として正恩のそばに寄り添うだけだった。しかし習主席の訪朝時には、初めて党幹部として公の場に姿を現したため、「役割が変わった」との見方が主流となった。

韓国統一省が翌二一日に開いた記者会見でも、与正の地位についての質問が出された。

同省報道官は、「今回のことだけで評価するのは適切でないが、北側の主要人物の動向については継続して注視している」と慎重に語っている。

与正は、南北関係を重視してくれる「ファースト・レディー」ならぬ「ファースト・シスター」だった。しかし頼みの彼女が、突然韓国に対して攻撃的になったのは、二〇二〇年三月のことだった。

北朝鮮が複数のミサイルを移動式発射台から発射したことに対して、韓国の大統領府（青瓦台）が三月二日、鄭義溶・国家安保室長名で声明を発表した。

「北朝鮮のこのような行動は韓半島（朝鮮半島）での軍事的緊張緩和のために役立たないもので、これを中断することを促し、強い懸念を表明した」との自制を求める内容だった。

ごく当たり前の内容だったが、これに対して与正が三月四日に談話を発表した。与正の名で公式な談話が出るのは初めてだったが、その内容が驚きだった。「青瓦台の低能な考え方に驚愕する」といきなり強烈なパンチを浴びせた。そして韓国政府の抗議を「三歳児並み」「怯える犬ほど吠える」と酷評した。

事態は深刻化した。韓国の脱北者団体は、風船につけた体制批判ビラを北朝鮮側に飛ばしている。風が北に向かって流れる時期を選ぶが、この年は六月に飛ばされた。

このビラに対して発表された与正の談話もまた、過激だった。「このように低劣で汚らわしい敵対行為が許されるということが理解しがたい」と批判した。「北南間の敵対関係がいくら根深くて同族に対する敵意が骨の髄に達しているとしても、ある程度分別があるべきではないか」と非難の言葉を重ねた。

一八年に韓国を訪問した時からのあまりの変わりぶりに、韓国政府関係者は戸惑いを隠せなかった。

さらに与正はこの談話で、「われわれの面前ではばかることなく行われるこのような悪意に満ちた行為が『個人の自由』『表現の自由』などという美名の下に放置されるなら、南朝鮮当局は遠からず最悪の局面まで予測しなければならないであろう」。

軍事行動まで匂わした与正の怒りは、脱北者にも向かった。

「南朝鮮当局者が北南合意を真に重んじて履行する意志があるなら、家の中の汚物（脱北者）を捨てて掃除するのが当然だ」「窮屈な弁解をする前に卑劣な行動を阻止する法でも作り、当初から忌まわしいことが起こらないように万全を期すべきだ」。

ニュアンスが十分伝えられずに残念だが、まるで口げんかだ。外交の場で使われる言葉ではなかった。

「南北政府間の談話に、このような口にできないレベルの表現が使われたのは初めて」（韓国の北朝鮮専門家）だった。韓国統一省報道官は、「（南北）境界地域の国民らの生命、財産に危険をもたらす行為は中止されるべきだ」と応じるのがやっとだった。

与正の談話を受けて、「統一戦線部」（労働党の対南関係の責任部署）スポークスマンの談話が六日に出された。そこには「対南事業を総括する（与正）第一副部長が警告した」とあった。与正が対南関係の責任者として、外交の表舞台に出たことが確認された瞬間だった。

「裏切り者たちとゴミども」

ここで南北の対立を反映するビラの歴史について、書いておきたい。

朝鮮語でもビラは「ビラ」と発音する。朝鮮戦争以降、南北とも体制宣伝や心理戦のために相手に向かって飛ばしてきた。しかし、風向きによっては相手の領土内に届かないこともしばしばある、九〇年代以後は費用がかかる割に宣伝効果があまりないという理由で、韓国側がまず散布をやめた。北朝鮮もやはり、韓国側で十分に読まれていないことなどから対南ビラを飛ばさなくなった。

ただ、脱北者団体など韓国の民間団体は、散発的に対北朝鮮ビラを散布していた。八〇年代に入ると、南北の経済格差が目に見えて広がってきたので、北朝鮮指導者に対する直接的な批判より、韓国の豊かさを強調する写真や、文章を掲載するようになった。女性が水着を着ている写真など扇情的とも思えるものも使い、脱北を促した。

ビラを活発に飛ばしてきたのは、脱北者で構成する団体「自由北韓運動連合」だ。北朝鮮に近い場所から一回にビラ五〇万枚と韓国の経済成長をPRする小冊子五〇冊、一ドル紙幣二〇〇〇枚、メモリーカード一〇〇〇本を大型風船にぶら下げて、北朝鮮に飛ばす。

近年、脱北者団体が散布する対北朝鮮ビラは、最高指導者の正恩を悪魔に見立てた絵を添えるなど、過激な内容になっていた。

与正はそうしたビラに対して、激しい怒りを爆発させたのだ。北朝鮮のメディアも連日のように与正の談話を支持する記事を掲載したほか、党の統一戦線部や、北朝鮮外務省も韓国批判に加わった。

六月に入り、相次いで与正の談話が発表された。ビラの配布を行った脱北者たちを「裏切り者たちとゴミども」と決めつけたうえで、「犯した罪の大きさに気づかせなければならない」「報復計画は、対敵（対南のこと）事業の一環としてではなくわれわれの内部の国論として強く固まった」と脅した。すでに韓国は同胞どころか、「敵」になっていた。

与正が自分の権限について言及した部分もあった。与正の権力の大きさがうかがえる重要な部分だった。

「私は委員長同志と党と国家から付与された私の権限を行使し、敵対事業関係部署たちに次の段階の行動を決行することを指示した。遠くない時期に、使い物にならない北南共同連絡事務所が形骸なく崩れる、悲惨な光景を見ることになるだろう」。

さらに与正は「（北朝鮮側は）次の対敵事業の行使権をわれわれの軍隊の総参謀部に移そうと考えている」と述べていた。

これまで軍事行動を指示できるのは、正恩以外にはいなかった。与正は、他国の知らぬ間に兄の権限の重要な部分を受け持つ分身になっていた。

その彼女が、南北和解の象徴となっていた北朝鮮・開城にある共同連絡事務所を破壊するとまで言った。軍事行動は秒読み段階に入った。

ビラへの報復は南北共同連絡事務所の爆破

二〇二〇年六月一六日午後二時四九分。韓国と北朝鮮を分ける軍事境界線に近い韓国の村人たちは、突然の大音響に度肝を抜かれた。四キロほど離れたところにある南北共同連絡事務所から煙が上がっていた。

翌一七日、北朝鮮の労働新聞は、爆破の瞬間を捉えた高解像度の写真六枚を掲載した。朝鮮中央テレビも、建物が爆音とともに飛び散る三三秒の映像を公開した。巨大な黒煙が立ち上り、建物の破片が回転しながら飛び出した。大量の爆薬を使ったのだろう、音が凄まじかった。連絡事務所の隣に立っていた地上一五階の「開城工業団地総合支援センター」も爆発の衝撃で窓が割れ、ガラスがはるか下に落ちていった。

南北共同連絡事務所は、二〇一八年四月の南北首脳会談で「民間交流と協力を円満に保つ」ことを目的として設置が決まった。南北間の意思疎通は電話で十分だと思うかもしれないが、政治体制が違うため簡単ではない。そのため南北合わせて四〇人が常駐し、顔を合わせて話し合う場所が「共同連絡事務所」だった。北朝鮮・開城に建設され、韓国側が建設費（日本円で約一五億円）を負担した。当然韓国側では、怒りが渦巻いた。

一方、北朝鮮は南北共同連絡事務所の爆破に続く措置として、朝鮮人民軍の総参謀部報道官が四つの「軍事行動計画」を手際よく発表した。開城工業地区と金剛山観光地区へ軍部隊を展開することなどだ。韓国向け宣伝ビラも、一二〇〇万枚用意したと発表した。

北朝鮮の軍事行動が迫っていた。韓国のテレビ局は南北の軍事境界線付近に記者を派遣し、一日中北朝鮮の動向を緊迫した表情でレポートした。

そんな中、六月二三日には正恩が党中央軍事委員会の予備会議を突然開き、韓国に対する軍事行動計画の保留を決定した。「予備会議」は、これまで聞いたことのない会議の形式だった。オンラインであわてて開いたようだった。保留の理由については「情勢を考慮した」としか明らかにしなかった。

北朝鮮内で混乱が起きたわけではなく、計画通りの動きだろう。突っ走る妹を、自分が制止してやった。次は韓国が動く番だとボールを投げたのだ。

あくまで軍事行動は「保留」であり、いつまた行動を過激化させるか分からない。その後に、中央軍事委の拡大会議も開かれたが、軍事行動の中止は公式に発表されておらず、保留のままだ。

与正の批判に押された？　韓国外相交代

韓国政府では、与正の犠牲になったと思われる人がいる。康京和《カンギョンファ》外相だ。白髪で品のいい物腰、流暢な英語を武器に、文在寅政権の顔となっていた。

しかし海外での講演で康は、新型コロナ感染者がいないと主張しながら、防疫に神経を尖らせる北朝鮮について「少しおかしな状況だ」と揶揄《やゆ》した。そして「韓国の支援呼びかけにも反応せずにいる。コロナが北朝鮮をさらに北朝鮮らしくしている」などとからかった。

これに与正が反応した。「後先の計算なく妄言を吐いた。われわれはいつまでも記憶する」「凍りついた北南関係にさらに冷気をふき込もうとしているようだ。下心がはっきりと見える」と不快感を示した。

文大統領はこの批判があった直後、康外相を交代させ、鄭義溶・前国家安保室長を外相にあてた。正恩との会談経験もある鄭に、米朝交渉の再開に向けた調整を任せる狙いと説明された。しかし一部では与正の批判に押されて、外相交代に踏み切ったとの見方もあった。

大統領府報道官は「康外相は昨年来、数回にわたり自ら辞意を示してきたが、引き留められていた」として、与正の談話との関連を否定した。それでも、「金与正の談話が影響を与えたのではないか」（朝鮮日報）との疑いが出てくるほど、ぴったりのタイミングだった。

与正の地位は微妙に上下しているが二〇二一年になっても健在で、大きな発言力を持っている。韓国で米韓合同軍事演習が行われたことに関連し、バイデン米政権に対し、「次の四年間、平和な眠りを望むなら、最初の段階で騒ぎを起こさない方が良い」と若い女性らしからぬ言い回しで牽制した。

また三月三〇日に与正は、自分の肩書きを「党宣伝扇動部副部長」と明らかにしたうえで、ミサイル発射の自制を求めた韓国の文在寅大統領の発言について「厚かましさの極み」、米国の言ったことをそのまま繰り返す「オウム」と攻撃。韓国政府を落胆させた。

バイデンには「IQの低いバカ」

一連の品のない発言の原稿は、与正が直接書いているのだろうか。どうもそうではなさそうだ。談話は何ページにもわたっている。短時間のうちに一人で書き上げるのはとうてい無理だ。複数の人間が関与した原稿を、与正が最終的なチェックをしているとみられる。

インターネットの利用が一般化していない北朝鮮では、政治宣伝はもっぱら談話を通して行われる。奇抜で、意表を突く表現を使って相手を批判すれば、国内外の注目を集められる。北朝鮮外交の最大の「武器」と言える。

例えば、北朝鮮の報道は、トランプ米大統領（当時）に対しては「おいぼれ」、バイデン元副大統領（当時）には「IQの低いバカ」と表現したこともある。対北朝鮮強硬派のジョン・ボルトン前ホワイトハウス国家安保補佐官に向かっては「人間のゴミ」「吸血鬼」とまで罵っている。

韓国の保守政治家にも遠慮はしなかった。保守系の李明博大統領に対しては、「ネズミ野郎」「こうもり」、朴槿恵大統領にも「政治娼婦」と言いたい放題だった。質の悪いヘイトスピーチのレベルとはいえ、相手の弱点を的確に突いているような気がするのが不思議ではある。

北朝鮮の外交官として韓国に亡命し、後に国会議員に当選した太永浩によれば、韓国や米国を非難する文書を書く専門家が存在するそうだ。彼らは「燃えるような敵愾心《てきがいしん》で、相手の心臓を突き刺す思いで書け」と教育されるという。

　これらの文言は金日成総合大学の歴史学部などを卒業したエリートたちが担当している。韓国向けは統一戦線部、米国向けは外務省、軍関連は偵察総局（人民武力省傘下の対外諜報・特殊工作機関）がそれぞれ担当しているとも伝えられる。部署ごとに一〇〇人以上の専門の担当者がおり、日夜、新鮮で驚くような表現をひねり出している。

　宣伝・扇動は、金ファミリーが直接管理する重要事業だ。それだけに世間の関心を引き寄せる強烈な文章を作れば、一気に出世できる。確かに与正の突飛で毒々しい表現は、そのたびに世界に報道された。狙い通りだったと言えるだろう。

　談話は、もちろん本人も目を通し、手を加えている。一連の談話の中に、それらしい表現が出ていることからも分かる。

　例えば「とても申し訳ない比喩だが」（二〇年三月三日の談話）、「米独立記念日行事のＤＶＤが欲しい」（同七月一〇日の談話）といった謙虚で、子どもっぽい表現がところどころで目につく。外交文書とは思えないこれらの言い回しは、与正が自分で書き加えたものだろう。

　兄に代わって憎まれ役を演じる与正の次のターゲットは、韓国だろうか、新たな米大統領となったバイデンだろうか。

第三章
北朝鮮の実態 三重苦にあえぐ

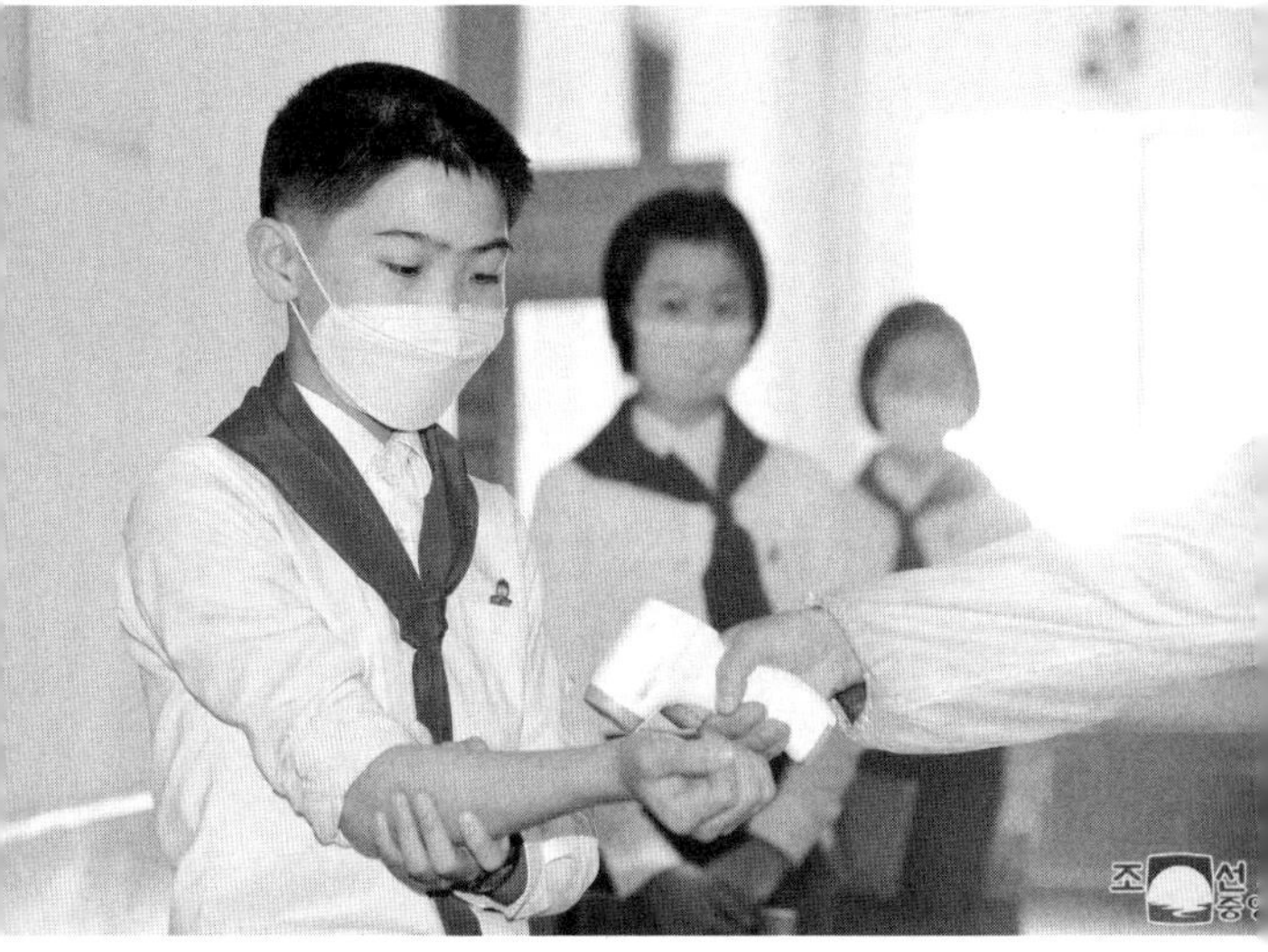

新型コロナ対策のために、学校で検温を受ける生徒。2021年５月（朝鮮通信＝共同）

コロナ感染者ゼロの不思議

新型コロナウイルス、核・ミサイル開発に対する国際社会からの制裁、水害などによる食料不足。北朝鮮では、いわゆる三重苦が続いている。第三章ではその実状にできる限り迫ってみたい。

一番目は北朝鮮をもっとも苦しめているコロナウイルスへの対応だ。感染症の流行は弱者にまっ先にしわ寄せが来るといわれるが、それは北朝鮮にも当てはまる。その影響は、同国の社会、経済、貿易、観光などあらゆる面に広がっている。

感染拡大防止のため、北朝鮮が中朝国境を封鎖したのは、二〇二〇年一月末のことだった。その後は他の国と同じように、市民の移動を制限し、外出する時はマスクを使うことを求め、検温や消毒なども徹底して行った。

世界保健機関（WHO）が定期的に発表している「コロナ週刊報告書」によれば、北朝鮮は二一年五月末までに約二万九〇〇〇人に対して検査を行ったが、患者はいないとした。週平均七〇〇人が検査を受けているという。

この本を書いている六月時点でも患者はゼロのままだ。二一年に入って、北朝鮮は、検査の詳細な内容をWHOに報告しなくなっており、情報の不透明さが問題になっているという（自由アジア放送＝ＲＦＡ、二一年三月七日）。

新型コロナウイルスは、北朝鮮に入っていないと考えるべきなのだろうか。北朝鮮の労働新聞は、コロナに関する報道を続けており、国内でも関心が高いことを示している。しかし脱北した医師たちの証言によれば、北朝鮮にはコロナを診断するための装備と試薬が十分になく、一般のインフルエンザとコロナを区分できないのではないかという（東亜日報、二〇二〇年一〇月九日）。

この証言によれば、感染症患者の治療ができる医療施設は、権力層が利用する平壌の病院しかない。感染症専門の隔離病院もなく、一般の人は発症しても専門的な治療が受けられない状況と思われる。

コロナの検査キットはロシアなどから入手しているというが、数は多くないだろう。病院はなくとも伝染病患者は自宅でゆっくり療養すればいい、と北朝鮮当局は考えるかもしれない。地方では、自宅療養は守られないでいる。

市民たちは生きるために、たとえ高熱があっても市場に出て働くしかない。市場の入り口には、消毒液が用意され、人々はマスクをつけているというが、どこまで徹底されているのか疑問だ。治療薬も不足している。抗ウイルス薬は北朝鮮国内にあると伝えられるが、コロナ向けのものではない。

こういう難しい状況でも、自尊心のため、韓国をはじめとした海外からの医療援助は受け入れようとしない。

北朝鮮国内の事情に明るい脱北者の一人は、支援を受け入れない理由について、北朝鮮当局の市民向けの説明が関係していると話す。「韓国を含めた外国の敵対勢力が、わが国にウィルスを伝播しようとしている」と警戒を呼びかけており、いまさら外国から支援を受けると、これまでの説明と矛盾してしまう。

逆に、感染症の流行をしっかり防いでいると市民に宣伝することで、現在の政治体制の正当性をアピールする狙いもありそうだ。北朝鮮は二〇〇二年、中国で発生した重症急性呼吸器症候群（ＳＡＲＳ）についても、患者は出なかったと発表している。

韓国経由のワクチンを拒否

中国のインターネット上に二〇二〇年三月、正体不明の文書が流れたことがある。北朝鮮が中国に接する地域で、命令に違反して入国を図った人を射殺するとの内容だった。こんな極端な方法を取るはずがないと多くの人は考えた。

ところが射殺命令は事実だった。ロバート・エイブラムス在韓米軍司令官が、北朝鮮が無断入国者に対する、射殺命令を下したと明言した。根拠となる資料を入手したようだった。

コロナが猛威を振るっていた二〇年九月には、北朝鮮南西部・黄海南道の沖合で、北朝鮮側に接近した韓国の男性公務員が北朝鮮軍に射殺され、遺体が焼かれるという痛ましい事件が起きている。

冬になって北朝鮮は、防疫体制を「超特級段階」に引き上げた。市民の移動を厳しく取り締まり、飲食店や銭湯など人が集まる場所が強制的に閉鎖された。

二〇年一一月に中朝の国境地帯を訪問した韓国メディアの記者は、兵士が数メートルおきに立っているのを目撃し、数発の発砲の音も聞こえたという（韓国・聯合ニュース、二〇二一年一月二三日）。想像以上に緊張している様子が伝わってくる。

「患者ゼロ」を主張する北朝鮮は、ワクチンなしでやっていけるのか。もちろん人口二五〇〇万人にワクチンを行き渡らせる余裕はないだろう。

ただ、指導層や軍の幹部などのためのワクチンは、どんなことをしてでも入手しようとするに違いない。万が一、多くの患者が発生すれば、医療施設が貧弱なため感染拡大を防げない。多くの死者が出る危険性もある。

どうやら北朝鮮もワクチン入手を懸命に試みているようだ。米メディアによれば北朝鮮は「ＣＯＶＡＸ」（コバックス）を通じてワクチンの入手を図ったという。

COVAXとは、世界保健機関（WHO）と「ワクチンと予防接種のための世界同盟（GAVI）」「感染症流行対策イノベーション連合（CEPI）」が主導する、新型ウイルス・ワクチンの世界共同購入・配分計画だ。世界中の全ての国に、安価なワクチンを届けることを目的にしている。

ワクチンを購入する経済力のない国々は、特別基金を通じて無償で得られる。北朝鮮は、COVAXを通じて一九九万回分のワクチンの供給を受けることになった。やはり不安があるのだ。ただ、COVAX側との交渉がまとまらず、接種は始まっていない。

コロナワクチンなら、お隣の韓国が早々と協力を申し出ている。北朝鮮との融和に熱心な、文在寅政権の李仁栄《イインヨン》統一相は二〇年一二月二二日、「コロナワクチンと治療剤が開発されて普及したら、（南北が）互いに分けて協力しなければならない」と述べている。

しかし北朝鮮が韓国を経由してワクチンを入手したら、「外国がウイルスを伝播させようとしている」という、これまでの当局の説明と矛盾するし、韓国に大きな借りも作ってしまう。国内の貧しい医療事情も分かってしまうため、意地でも頼りたくないのだ。韓国のほうもなかなかワクチンが手に入らず、批判を浴びており、北朝鮮に回す余裕はなさそうだ。

独自にワクチン開発という情報も

ワクチンは、世界の国々が金に糸目をつけず競って購入している。合法的な方法では入手しにくい。このため北朝鮮は、西側の大手製薬会社や研究所にハッキングを仕掛けているという。北朝鮮のハッカー集団といえば、仮想通貨市場を狙うのがこれまでの行動パターンだった。最近は、新型コロナウイルスのワクチンにも触手を伸ばしているようだ。

北朝鮮が、ワクチン開発を手がける英製薬大手アストラゼネカにサイバー攻撃を仕掛けた疑いが浮上した。ロイター通信が二〇年一一月二七日、事情に詳しい情報筋二人の話として報じた。

ハッカー集団はSNS上で、アストラゼネカの従業員に接近してニセの求人情報を提示した。標的となった従業員の中には新型コロナ研究の担当者もいたという。犯行は成功しなかったとみられている。

ハッキングの対象は、当初はワクチンの開発情報に集中していたものの、最近では大量生産技術や、大規模な臨床実験の結果などに関するハッキングが増加している。

米紙ニューヨーク・タイムズは二〇年一一月、「北朝鮮とロシアのハッカーらがコロナワクチンの情報を盗むために韓国や米国、カナダ、フランスなどの企業を狙った」と具体的に報道した。

米マイクロソフト（ＭＳ）の調査によるもので、ＭＳは北朝鮮のハッカー集団である「ジンク」と「セリウム」が関与していると明らかにしている。この二つの集団の実態はよく分からない。

一方でにわかには信じがたいが、北朝鮮が独自にワクチンを開発しているという報道もある。韓国のネットメディア「ＮＫ経済」（二〇年一二月三〇日）は、北朝鮮の国家科学技術委員会という部署が作成したという文書を伝えた。すでに、開発は順調で動物試験を終えて安全性と免疫性が確認されたという。

また、北朝鮮の内情に詳しい脱北者の一人は、「北朝鮮は研究者を中国に派遣し、ワクチンを共同開発している」と話す。この人物によれば、研究者は、平壌にある金萬有《キムマンユ》病院の関係者だという。この病院は在日本朝鮮人総連合会（朝鮮総連）系で、北朝鮮が誇る総合病院の一つだ。

「表向きは豚インフルエンザの共同研究をしていることになっているが、実際はコロナウイルスのワクチンを研究している」（前出の脱北者）という。

「国を守るため」として、市民生活を犠牲にして開発してきた自慢の核ミサイルは新型コロナの感染防止に全く役に立っていない。その一方で、ワクチンを入手しようと躍起になっている北朝鮮の姿は、皮肉というか、悲しい限りだ。

一九世紀に逆戻りしたような光景

韓国国情院の報告によると、北朝鮮では物資が不足し、砂糖や調味料の価格が一年で四倍以上となったという。

さらに、金正恩政権は海水が新型コロナウイルスに汚染されたと恐れ、近海での漁業と塩の生産を禁じた。中国が支援したコメ一一万トンも感染を恐れて受け取りを拒み、中国・大連港に積み残されたままとなった。

外貨も不足しているようで、市場での外貨取引が禁止された。為替レートの急落の責任を取らせ、平壌の「大物両替商」を処刑したという。常軌を逸したと思えるようなことばかりだが、いずれも韓国国情院の正式な報告だ。

平壌駐在の外交官や華僑も、たまらず国外に出ている。平壌に駐在するロシア大使が、二一年二月八日、ロシアの有力メディアであるインタファクスのインタビューに応じ、北朝鮮国内の実状を語った。現地で見聞きした内容だけに、市民がかなり追い詰められていることが分かる。

ロシア大使によれば、物品、原材料などの輸入が途絶え、多くの会社が門を閉め、人々も働き口を失った。子どもたちは事実上、学校に行けずにいる。

平壌でも小麦粉、砂糖など基本的な生活必需品が買いにくくなった。服や履き物もなく、価格は国境封鎖前に比べ三、四倍に跳ね上がった。物価の高騰は二一年になって、さらに深刻化し、コメも価格上昇が続いている。

北朝鮮当局は、「新型コロナに対処できる医療施設が国内にないため、できるのは徹底した国境封鎖だ」と公然と認めているという。

ちなみにロシアの大使館員も二一年に家族とともに出国したが、国境が封鎖されているため、手押しのトロッコに荷物を載せて国境の鉄道線路上を歩きながら、ロシアに帰国した。一九世紀に逆戻りしたような光景だった。この帰国ぶりを撮影した映像と写真は、世界に拡散された。

同じく平壌に駐在するチェコ大使館関係者は、米国の自由アジア放送（RFA、二〇年二月九日）の取材に応じ、最近では、優先的に電気が供給されている大使館地域でも停電が起きていると語った。火力発電所を動かす石油が不足し、稼働できなくなっているとみられる。一般の家庭の三分の一が太陽光パネルを利用し、電気を自家発電しているという。

この数ヵ月、砂糖や食用油、チョコレート、コーヒー、菓子、歯磨き粉など北朝鮮基準でぜいたく品とみなされるものは全く見当たらなくなっているという。北朝鮮以外でこのような状態が起きていれば、市民のデモが起きる可能性もあるが、厳しい情報統制と当局の監視で、何とか平穏が保たれているのだろう。

消えた北朝鮮からの木造「幽霊船」

コロナの影響で劇的に減ったのが、北朝鮮からの日本海沿岸への難破船だ。海上保安庁によれば、朝鮮半島からのものと思われる漂流、漂着木造船は一八年一〇月～一九年三月の二一九件だったが、一九年度後半は一四一件と三割以上減った。二〇年一〇月～二一年三月の半年間でみると、わずか一三件になっていた。

これらの船は、日本海のほぼ中央部、「大和堆《やまとたい》」と呼ばれる海域周辺の日本の排他的経済水域（EEZ）において、違法操業を行っていた船だ。

エンジンも小さく、古い木造のため、海流に流されやすい。十分な食料を積んでいないため、乗組員の多くは餓死してしまう。船が波間を漂流する間に遺体は海に滑り落ち、船内には誰もいないまま岸辺に流れ着く。まさに「幽霊船」そのままの恐ろしい状態になって発見される。

ところが二〇年の夏ごろから、北朝鮮の港に漁船の姿が見えなくなった。二〇年の五月ごろ、新たな法律が整備され、遠洋に船を出すことが禁止されたとの証言もある。

北朝鮮では、漁業に従事している人々や、魚を貴重なタンパク源にしている人も多い。今後、食料問題に悪影響が出ることは間違いない。

中国との貿易縮小で七〇億ドル以上の損失

二番目の「苦」は、国際社会からの制裁だ。

北朝鮮が苛立ち、金与正を前面に立てて韓国を圧迫したことは第二章で触れた。この背景には、緊迫する北朝鮮の経済状況があった。国際社会からの制裁で、石炭、鉄鉱石などの鉱物資源の輸出ができなくなり、有力なドルの収入源を失った。海外に派遣されていた労働者も帰国させられた。

北朝鮮からロシアや中国、アフリカなどに派遣された労働者は建設業や森林伐採、工場労働者、食堂従業員などとして働いていた。いずれも現地の人たちが嫌がる肉体労働だった。

現地で労働者を監視する役目の人間もセットで送ってくるため、管理が容易で、サボる人間もいない。このため現地では労働力として重宝されていた。彼らの給与の三割程度は「忠誠資金」の名目で本国に送金されていた。そのドル稼ぎマシーンが機能しなくなったのだ。

国際社会からの制裁はさまざまあるが、国連安全保障理事会（国連安保理）が数度にわたって採択したものがもっとも強力で、北朝鮮を苦しめている。二〇一七年以降の制裁は、海上での取引と、北朝鮮が海外に派遣していた労働者に焦点を絞り、大きな成果を上げた。

北朝鮮に対する国連安保理の制裁

2006年10月　初の核実験
大量破壊兵器関連物資の売買禁止（10月）
2009年5月　2回目の核実験
武器禁輸の拡大、船舶の貨物検査の強化（6月）
2013年2月　3回目の核実験
船舶の検査、核・ミサイル関連の金融取引凍結（3月）
2016年1月　4回目の核実験
全貨物の検査を義務化、鉱物資源の輸入禁止（8月）
2016年9月　5回目の核実験
主な外貨獲得源である石油輸出に上限（11月）
2017年7月　2度の大陸間弾道ミサイル（ICBM）発射
石炭、鉄鉱石の輸出を全面禁止（8月）
2017年9月　6回目の核実験
北朝鮮への石油精製品の輸出量の上限を年間200万バレルに。北朝鮮労働者への就労許可禁止（9月）
2017年11月　新型のICBM発射
石油精製品の北朝鮮への輸出を90％近く削減。北朝鮮からの食品、機械、電気機器、木材の輸入と北朝鮮への産業機械や運搬用車両の輸出を全面的禁止。北朝鮮労働者を本国に送還（12月）

国連安全保障委員会が、対北朝鮮決議二三九七号を採択したのは二〇一七年一二月二二日のことだ。北朝鮮が前月の一一月、大陸間弾道ミサイル（ICBM）を発射したことへの対応だった。

二三七一号（同年八月採択）と二三七五号（同九月）と合わせて、北朝鮮の対外貿易の九〇％を抑えることを目標にしていた。

これらの制裁は、中国との

貿易にすぐさま響いた。北朝鮮にとって最大貿易国は中国だ。中国への輸出額は二〇一三年に、史上最大の二九億ドルを記録している。

しかし制裁が発動した後の二〇一八年には一億九〇〇〇万ドルと急減、翌一九年には小幅上昇し、二億ドルを記録したものの、二〇年には再び最盛期の一〇分の一にも至らない水準に落ちてしまった（韓国貿易協会）。

中国税関総署によれば、北朝鮮との二〇年の貿易総額は前年比八〇・七％減の五億三九〇六万ドル（約五五九億円）だった。北朝鮮が新型コロナウイルス対策で二〇二〇年一月末から中国との国境を封鎖した結果で、過去二〇年間で最低水準となった（共同通信、二〇二一年一月一九日）。中朝間の貿易はほぼ途絶えた状況と言っていい。

制裁以前まで北朝鮮の対中輸出は、過去平均して毎年二五億ドル前後を記録していた。このため、専門家は、この三年間に北朝鮮が中国との貿易縮小で受けた損失は、少なくとも七〇億ドル規模に達すると判断している。

北朝鮮との貿易では東南アジアの諸国が全面中断に踏み切っている。ロシアは貿易規模を大幅縮小した。これらの数字を合計すれば、北朝鮮の外貨損失額は、とても七〇億ドルでは収まらないだろう。

そのため北朝鮮は、規制や監視をかいくぐって海上で船舶同士を接近させ積み荷の積み替えを行っている。「瀬取り」と呼ばれるものだ。

もちろん石炭などの荷の積み替えを、港ではなく海上で行えば手間と経費がかかり、石炭の価格を下げなければ取引が成立しなくなる。輸入業者を探すのも難しくなる。先細りは避けられない。

石炭輸出はほぼ中断

石炭は、北朝鮮における主要な輸出品だ。二酸化炭素を多く排出する石炭がなぜ今も使われているのだろうか。それは石炭は価格が比較的安く、安定して供給できるエネルギーだからだ。世界には電力を使えない人は、二〇一七年時点で約八・四億人いるとされており（外務省、二〇一九年版開発協力白書）、このような発展途上国の経済発展や発電のためには石炭が欠かせない。中国やインドでは、依然として約七割の電力が石炭から発電されている。まだまだ石炭は立派な「黒いダイヤ」なのだ。

北朝鮮には平安南道の順天炭鉱、小川炭鉱など六四〇余りの炭鉱がある。ここで一〇万人以上が働いており、労働者を奴隷のように酷使しているとの調査報告もある（韓国の人権市民団体の報告書「血に染まった石炭輸出」）。

貿易統計によれば中国向けの石炭輸出は二〇一一年には約一一億四〇〇〇万ドルに拡大、

その後も年間一〇億ドル以上を記録した。中国の急速な経済発展で石炭の需要が飛躍的に伸びたためだ。

石炭利権には北朝鮮の軍なども絡んでいた。二〇一三年に粛清された正恩の叔父、張《チャン》成沢《ソンテク》は、石炭輸出利権をめぐる争いから粛清されたといわれている。

二〇一七年八月に国連安保理が採択した対北朝鮮決議二三七一号に中国も従って鉱物資源の輸入規制を始め、北朝鮮経済は大打撃を受けた。石炭と鉄鉱石は北朝鮮の総輸出の四〇%を占めていたからだ。

二〇二〇年に入って中朝国境が閉鎖されると、石炭の輸出は一部の密貿易を除き、ストップしている。

二一年の三月になって中国と北朝鮮を隔てる鴨緑江にかかる「新鴨緑江大橋」の開通準備が、中朝双方で進展していることが分かった。また、中朝国境の都市である遼寧省丹東駅からは、北朝鮮向けの貨物を準備する様子も報道されている。

北朝鮮は二月、新中国大使に経済通の李《リ》龍男《リヨンナム》前副首相を任命した。封鎖解除後に、中国との経済協力を強化するためのようだ。

「北朝鮮のロナウド」も帰国

制裁は意外なところにも及んでいる。それは北朝鮮出身のスターサッカー選手たちだ。北朝鮮はサッカーが盛んだ。国技といってもいいだろう。選手養成の専門学校もあり、世界レベルの選手を輩出している。

なかでも一七八センチの長身と、すぐれたバネを持ち味とする韓光成《ハングアンソン》は、メディアが追いかける人気選手だ。一八歳だった二〇一七年に世界有数のトッププレーヤーが集まるリーグ、イタリア・セリエAでプロデビューした。

一七年二月に同リーグのカリアリに練習生として参加、翌月には正式契約を結んだ。欧州五大リーグで得点を記録した史上初の北朝鮮人選手としても有名になった。「北朝鮮のロナウド」とも呼ばれた。ロナウドはポルトガル出身の世界的なサッカー選手だ。

翌シーズンからは、武者修行のためペルージャに移籍。次にイタリア王者ユベントスへの電撃移籍が決まった。二〇年一月にはユベントスからアル・ドゥイハルへの移籍が発表された。

ハンはアル・ドゥイハルから契約金五〇〇万ユーロ（日本円で約六億円）、二〇二四年六月三〇日までの契約期間という破格の条件を提示されたが、国連の対北朝鮮制裁によってすべて白紙化されてしまう。

ハンの稼ぎはなんと年俸約二億円、うち自分が使うわずかな生活費を除いたほとんどを母国に送金していたという(朝鮮日報、二一年一月二七日)。まさに祖国のために出稼ぎしていた選手だった。

ハンの帰国に合わせ、同じく制裁対象にあがっていた朴光龍《パクグアンリヨン》、崔成赫《チエソンヒヨク》ら北朝鮮の著名なサッカー選手が全員、海外の舞台から消えた。サッカー選手の活躍は、北朝鮮にとって国威発揚にもなっていただけに、衝撃が大きかったはずだ。

金ファミリーの金庫である労働党三九号室にも、影響が出ている。米国在住の脱北者李《リ》正浩《ジヨンホ》は、三九号室の元幹部で、正恩の金庫番の一人だ。

彼は米VOA放送のインタビュー(二〇年一二月一一日)で、二〇一七年を前後して採択された国連制裁が北朝鮮を圧迫し、金正恩政権に大きな打撃を加えたと認めている。

インタビューによれば、過去の制裁は不法活動をする北朝鮮の貿易会社や個人、北朝鮮の貿易銀行を狙っていたので、効果はそれほどなかったという。

しかし、最近の制裁は、中国にある北朝鮮の鉱物と繊維、水産物輸出市場を塞ぎ、ロシアと中国から輸入する原油を抑え込んだ。これによって過去に比べ、数十倍の制裁効果を発揮していると述べた。制裁を、不法活動をする人や組織ではなく、北朝鮮に関連したモノの動きに直接科したことが効果を示したというのだ。

ただ、制裁によって北朝鮮は核・ミサイル開発に力を集中し、むしろ開発を進めてしまったとの批判もある。李はこの批判に反論する。

「最近、北朝鮮の人の声を聞いてみたが、三年間の対北朝鮮制裁で北朝鮮経済は一九九〇年代苦難の時期より、さらに悪化した状態に直面している」。制裁は確実に効いているというのだ。

そして、「平壌市民たちと幹部も、制裁の影響で金が枯渇して、消費が大幅に減った。商品がなくて、物価は何倍にも増加している」として、「今こそ非核化交渉の好機だ」と強調した。

北朝鮮のドル枯渇は目前に

このまま制裁が続けば、北朝鮮で外貨保有高、つまり手持ちのドルが底を突くとの指摘が専門家から出てきた。

もちろん北朝鮮が、外貨保有高を自ら公表しているわけではないが、この問題で重視されている二つの論文がある。韓国メディアもこの二本を繰り返し引用し、北朝鮮経済の動向を追っている。いずれもコロナ問題が出てくる前に発表されたものなので、状況はさらに厳しくなっているだろう。

一つ目の論文は北朝鮮経済の研究で知られる漢陽大学の張ヒョンス教授と、金ソクジン統一研究院研究委員が書いた「北韓（北朝鮮のこと）の外貨需給と外貨保有額の推定と、北米非核化協商に関する示唆点」だ。雑誌「現代北韓研究」の二〇一九年四月号に掲載された。北朝鮮の外貨保有額について武器輸出、麻薬などの不法取引、密貿易を含めて計算し直している。

正恩が権力を握った二〇一二年から一三年には、北朝鮮に豊富にある無煙炭、鉄鉱石の中国への輸出がピークとなり、年間一〇億ドルを北朝鮮にもたらした。ところが一四年以降は、ドル収入が一〇分の一である一億ドル～五〇〇〇万ドル程度に縮小してしまう。国連安全保障理事会からの制裁が厳しくなったためだ。南北間では、一六年二月には、北朝鮮のミサイル試験を理由に、南北共同事業の開城工業団地が急きょ閉鎖された。

張教授と金研究委員は、二〇一八年末の段階での北朝鮮の外貨保有額を「二五億から五八億ドル」と推定した。このため、中国との貿易を維持しつつ、ドルの目減りを防ぎ、米国との非核化交渉を進め、制裁解除を目指すしかないと予想していた。

保有外貨については「二〇二〇年末に二〇億ドルにまで減少し、事実上外貨が枯渇する」と結論づけている。コロナがなくても、ドルは枯渇寸前ということだ。

ちなみに韓国の外貨準備高は、二一年三月末現在で、四四六一億三〇〇〇万ドルとなっており桁違いの額だ。

二つ目は、韓国の中央銀行である「韓国銀行」の経済研究院が公開した「ドルライゼーションが拡散した北朝鮮経済の保有外貨減少が与える物価・為替レートへの影響」（二〇年一月）だ。ドルライゼーションとは、ドルによる取引の普及を意味する。

この論文は、北朝鮮が保有している米ドルは「二〇一四年基準で、最小三〇億一〇〇〇万ドル～最大六六億三〇〇〇万ドル程度」と、張教授らの論文より多めに推定している。

この論文によれば、外貨には「取引用」と、国家の信用を維持する「価値保存用」の二種類ある。そして外貨の減少は三段階を経て進むとしている。

初期段階では、価値保存用の外貨が減り、次は取引用が減少し、最終段階ではそれも底を突き、いわゆるデフォルト、つまり国家が破産状態になる。

「北朝鮮は外貨減少の初期段階にある。現在、経済は安定しているように見えるものの、毎年ドルの保有量が大幅に減少している」と指摘している。

レポートを作成した担当者は、朝鮮日報（二〇年一月二九日）の取材に対し、「ドル保有量の減少幅は毎年二〇億ドル程度とみられ、二〇二〇年の末ごろに使い果たされる可能性がある」と答えていた。この論文も、北朝鮮のドル枯渇が目の前に迫っていると書いている。

消え失せる金ファミリーへの忠誠心

外貨がなくなっても、自給自足で生きていけるだろうと考えるかもしれない。それは違う。国内で賄えない食料、医薬品、ミサイルや核関連部品、さらには正恩が乗っているベンツなどぜいたく品が買えなくなる。北朝鮮では国内の商取引でも、朝鮮ウォンではなく基本的にドルが使われているので、物価が上がり、経済が混乱するはずだ。

制裁のため二〇二一年には外貨枯渇の危機が来る、と北朝鮮経済の研究者たちの見解は一致している。さらに北朝鮮にとって都合が悪いことに、二〇年に入って新型コロナウイルス問題が起きた。

感染拡大防止のため、北朝鮮は中国との国境を閉鎖し、輸出が激減したので、ドル収入はどんどん減っている。北朝鮮に外貨をもたらす観光客が、コロナの影響でゼロとなっていることも痛手だ。

金ファミリーは、豊富なドルでぜいたく品を購入し、部下に与えて忠誠を誓わせていた。ドルが切れれば、忠誠心も消え失せる。国内が不安定になる危険性もある。

そんななか、北朝鮮専門のネットメディア・デイリーNK（二〇年四月二三日）が興味深い報道を行った。北朝鮮当局が、市民が外貨をどれだけ持っているかを調べ、強制的に貯蓄させているというのだ。ドルの枯渇を防ぐ意味があるようだ。しかし、過去にも北朝鮮当局は、ドルの吸い上げを図ったが、うまくいかなかった。今回も市民が素直に従うかは未知数だ。

北朝鮮とアフリカの深い闇

国連の北朝鮮制裁の専門家パネルは、北朝鮮とアフリカとの関係に目を光らせている。アフリカには専制国家が多く、北朝鮮との貿易を行っていても情報が伝わりにくい。西側のメディアも少なく、報道されることもないからだ。

専門家パネルは過去の報告書で、アフリカ大陸の最西端セネガルにおいて、国連制裁の対象となっている北朝鮮の企業「万寿台海外開発会社グループ」が、現地法人を運営しながら、公共建設事業と主要食品加工会社の工場建設プロジェクトに介入していると指摘したことがある。

セネガルは北朝鮮とは親しい関係にある。北朝鮮の技術者が首都ダカールにアフリカ・ルネサンスの像と呼ばれる巨大な像を建設し、名所になっている。

北朝鮮は、アフリカで医療ビジネスも展開している。アフリカのような厳しい環境で、長く働いてくれる医師や看護師は多くない。その隙間を北朝鮮が埋めている。医療不足の

北朝鮮とアフリカの関係

軍事協力	銅像など建設	野生動物取引
タンザニア、ザンビア	アンゴラ、ボツワナ	ジンバブエ
アンゴラ、ルワンダ	エチオピア	モザンビーク
エチオピア、マダガスカル	モザンビーク	エチオピア
ザンビア、南アフリカ	ナミビア	ザンビア
ナミビア、タンザニア	ジンバブエ	南アフリカ

英国王立防衛安全保障研究所（RUSI）まとめ

国では、国籍がどこであろうと働いてくれるスタッフを歓迎するものだ。北朝鮮の医療スタッフは、アジア諸国やナイジェリアなどアフリカ国家に派遣され、外貨を稼いでいる。

また、アフリカ南西部のアンゴラの場合、北朝鮮と医療協力協定を結び、二〇人の北朝鮮医療関係者が常駐していた。ナイジェリアとタンザニアでも北朝鮮の医療関係者らが活動しているという。

北朝鮮はアフリカの国々に軍部隊を派遣し、軍事教練を行っている。これも有力な外貨稼ぎの一つだ。その他、北朝鮮はアフリカの国に武器を販売、野生生物の闇取引をしているともいわれている。とにかくあらゆる方法でアフリカを活用していると言っていいだろう。

そんななか、北朝鮮とアフリカの深い闇をうかがわせるドキュメンタリーが公開され、世界に衝撃を与えている。

原題は「ザ・モール（もぐら＝スパイの意味）」。デンマーク人の映像ジャーナリスト、マッツ・ブリュガーが監督を務め、国連安保理の制裁をかいくぐって武器輸出を試みる北朝鮮の実態を映像や資料を使って暴露した。英BBC放送や北欧のテレビでも公開され、欧州諸国は、北朝鮮への警戒を強めている。日本でもNHK BS1が「潜入10年 北朝鮮・武器ビジネスの闇」というタイトルで放送した。

ブリュガーは、北朝鮮を訪問し、体制を揶揄するドキュメンタリーを制作したため、北朝鮮への入国を拒否されるようになった。このためブリュガーに代わって、ごく普通のデンマーク人（元シェフ）の男性が親北朝鮮団体に加入して、活動家として信頼を得ていく。そして監督の依頼を受けたフランス人男性が投資家などを装って登場。北朝鮮側の担当者と武器取引について協議する様子を、隠しカメラなどで克明に撮影した。

北朝鮮側の窓口は、スペインに本部を置く朝鮮親善協会のアレハンドロ・カオ・デ・ベノス委員長だった。朝鮮親善協会は、二〇〇〇年一一月に北朝鮮との国際関係を樹立する目的でスペインを本拠地として創設された。欧州を中心に会員がいる。

私は北京で勤務していた時、このカオ・デ・ベノスと会ったことがある。北京で北朝鮮に関連するビジネスを行っていた。北朝鮮オタクの陽気な男性という印象だった。

ドキュメンタリーには、ベノスが元シェフらに、「われわれは最高権力者の金正恩元帥につながるコネがある」と自慢するシーンが出てくる。その後、二人はベノスの紹介で北朝鮮側のビジネス関係者と接触する。交渉を重ね、北朝鮮側が輸出できるとするミサイルなどの兵器の価格一覧表が二人に提示された。

番組では一覧表が映し出されている。ミサイル、戦車、爆弾の価格がびっしりと並んでいた。中距離のスカッドEミサイルは五基セットで、なんと約二五〇〇万ドル（約二億七〇〇〇万円）の値段だった。米国や韓国の情報機関も、このリストに強い興味を示しているという。

二人は北朝鮮の担当者から信頼を得て、二〇一七年に実際に平壌を訪れた。そして、武器や覚醒剤を不法に製造する工場を建設するための契約を北朝鮮側と締結した。その秘密工場の建設地として選ばれたのがアフリカ東部ウガンダにある小さな島だった。ここでもアフリカが登場する。

元シェフの男性は、在スウェーデン北朝鮮大使館の外交官から工場建設のための詳細な設計図を渡されていた。今回のように国際社会の監視を逃れるため、ヨーロッパの資金を使い、アフリカでビジネスを展開するケースが過去にもあったに違いない。

北朝鮮の在スウェーデン大使館は、このドキュメンタリーについて、「北朝鮮のイメージを傷つけることを目的としており、最初から最後まで捏造だ」と抗議したというが、この映像には北朝鮮側の担当者の顔や声も収録されており、とても捏造とは考えられない。相手を騙して撮影したものだという点の是非はともかくとして、この映像は北朝鮮がどうやって生き残ろうとしているかを白日の下に晒した。

リサイクル用資源の納付義務も

北朝鮮では、ほとんどの産業分野でリサイクル活動に取り組んでいる。国際社会からの経済制裁や新型コロナウイルスの影響で交易がストップし、原材料が不足しているためだ。この分野においては、掛け値なく世界の模範になりそうだ。

韓国産業銀行（ＫＤＢ）が発行する「北朝鮮開発」二〇二〇年冬号に、北朝鮮で報道されたリサイクル活動がまとめられている。それによれば、北朝鮮は廃プラスチックを使ってポリエステル繊維、各種生活用品などを生産している。

慈江道南部の都市、熙川の工場では産業廃水からリン肥料を生産するのに成功した。同工場の技術者らは工場から出る産業廃水からリン成分を抽出して、有機肥料を作ったという。工場の温室と周辺の農耕地などに使ってみたところ、「経済的実利だけでなく環境保護にも役に立った」と報道している。

興南肥料連合企業所は、廃ガスから水素を回収して生産されたアンモニア六トンを使い、数十トンの窒素肥料を生産できるようになったという。

中朝国境にある新義州のカバン工場ではカバンの生産過程で出る切れ端を使って筆箱な

ど多様な日用品を生産している。

一般の市民には、廃プラスチックや廃ゴムなどリサイクル用の資源を国家に納付する義務がある。各家庭ごとに、週五キロもの割当があるという(RFA、二一年四月二三日)。まるで、経済封鎖を受け、物資不足にあえいだ戦中の日本のような様相だが、リサイクルも永遠に続けられるわけではあるまい。いずれは深刻な物資不足に直面するだろう。

水害と国境封鎖で農業危機

三番目は、記録的な集中豪雨の影響で起きた水害だ。慢性的な食料不足状態である北朝鮮を二〇年夏に大規模な水害が襲った。被害統計は発表されていないが、信頼できそうな推定データを韓国政府傘下にある農村振興庁が発表している。

北朝鮮の気象と病虫害の発生状況、さらに肥料の行き渡り具合、最後は衛星から撮影された農地の映像を分析した結果などを総合し、はじき出した数字だ。

それによれば二〇年に北朝鮮で生産された食料作物は計四四〇万トンで、一九年の四六四万トンに比べて、約二四万トン(五・二%)減少したと推定されるという。

作物別生産量はコメが二〇二万トン、トウモロコシ一五一万トン、ジャガイモ、サツマイモ計五四万トン、麦類一六万トン、豆類およびその他雑穀一七万トンなどだ。なかでもコメは前年に比べ、九・八％の大幅減となっているのが目立つ。

国連は、北朝鮮が二〇一九年、乾燥や猛暑、洪水の影響で農業生産が過去一〇年間で最低水準にまで落ち込み、約一〇一〇万人が深刻な食料不足に陥っていると明らかにしていた。

農村振興庁の気象データによれば、イネの栽培が始まる五月から降雨量が多く、日射量が少なかった。さらに、イネが熟す大切な時期である八月からは梅雨の長雨と台風被害が起き、悪影響を及ぼしたという。

もちろん降水の多さがプラスに作用した食物もある。例えば麦類は前年比一万トン（六・七％）、豆類も一万トン（七・一％）増加しているが、全体的にはわずかな量にしかならない。

低温も悪影響を与えた。北朝鮮における作物生育期間の平均気温は一九・八度で前年より〇・五度低かった。降水量は一二一八・一ミリで、前年より五割増しだった。日射量は逆に、前年より六・四％少なかった。確かに異常な気象だったようだが、気候変動は地球規模で起きており、北朝鮮の苦難は今後も続くだろう。

不順な天気だけが、不作の原因ではない。国境封鎖の影響で、中国製の肥料の輸入が途絶えてしまったこともある。肥料は収穫量に大きな影響を与える。

北朝鮮農業の専門家は、「北朝鮮の肥料輸入は、二〇年五月時点で前年の五％にとどまった。二〇年の上半期でみても一万五トンほどで、前年比一三％水準に過ぎない」と語っている（米VOA放送、二〇年九月二日）。北朝鮮は、国内に肥料工場を建設しているが、大量の電気が必要なため、十分に稼働できていない。

農業用の資材の不足や農機具の老朽化も問題だ。以下は大韓貿易投資振興公社（KOTRA）の名古屋支社がまとめた「対中貿易制限の影響で危機に瀕している北朝鮮の農家」というレポートに書かれている内容だ。

北朝鮮では四月下旬から本格的に田植えが行われる。その前の段階では、小型のビニールハウスでイネの苗を育てなければならないが、ハウスを覆う透明なビニールが国境封鎖の影響で不足している。この程度のものは北朝鮮内で生産できると思うかもしれないが、高い技術力が必要で中国製に頼っているのが現状だ。

北朝鮮でも農作業には農業用機械を使っている。田植えや稲刈りなどだ。こういった機械類はほとんど中国製で、保守に必要な部品も中国から輸入するしかない。しかし中国から部品が調達できず、「一〇台のうち七台が止まっている状況」だという。

なぜ北朝鮮は自然災害が多いのか

北朝鮮でたびたび洪水が起きるのは、防災意識や防災技術が低いことも原因だ。もともと地盤が弱いうえに、一九九〇年代中盤に経済難に陥り、民家に近い野山の木を伐採し、禿山にしてしまった。

そのために保水が利かず、簡単に山崩れが起きて、土砂が川床にたまって流れをせき止め、洪水を引き起こす。都市では排水施設の建設が行き届いておらず、水があふれやすい。ヨーロッパ連合（EU）傘下の災害リスク管理知識センター（DRMKC）という組織が、毎年「グローバルリスク指数」という報告書を公表している。災害や対処能力などをもとにはじき出した、世界一九四ヵ国の危険度を詳細に評価するものだ。

二〇二一年度版を見ると、北朝鮮の危険指数は一〇点満点の五・二点で、調査対象一九四ヵ国の中で、上から二九番目の危険度だった。

項目別では、「対処能力不足」が六・三点、社会経済的脆弱性も六・三点だった。危険指数の上位にはソマリア、モザンビーク、ホンジュラス、エジプトなどが含まれる。これらは、民族紛争などで内部が混乱している国ばかりだ。北朝鮮の国としての脆さが分かる。

さらに防災に関する知識や人材も不足している。大きな災害が起きれば、天候のせいにされ、軍が投入されて復旧して終わりという対症療法を取っているため、防災専門家が育たない。北朝鮮は、経済の重点として農業をあげているが、被害は防げていない。

水害に加えて、このまま厳しい国境封鎖が続いていけば、一九九〇年代に起きたような飢餓が再び起きるのだろうか。

ちょうど金正恩は二〇二一年四月八日に開いた、党末端組織責任者による会議で演説し「『苦難の行軍』を行うことを決心した」と発言した。

北朝鮮は一九九〇年代後半の経済難の時代に「苦難の行軍」のスローガンを前面に打ち出したことがある。あえてこのスローガンを持ち出したのは、国内に深刻な食料不足が起きているのではないかとの観測が広がった。

しかし、飢餓が再び起きる可能性は低いだろう。市民たちは生きる知恵を身につけている。

九〇年代、市民たちは食料配給に依存していた。天候不順などで食料不足が深刻化し、数十万人単位での餓死につながった。

このため、市民たちは配給に頼らず自ら金を稼ぎ、食いつなぐ方法を学んできた。例えば食べ物や雑貨を手作りして市場で売るなどして、生活を支えている。正恩政権が実施した農民と企業の自主性拡大のおかげで、農作物や工業製品を市場で販売できるようになった。

農業の場合は「圃田《ほでん》担当責任制」と呼ばれ、自分の土地を持って農作業をしている人は収穫高の平均七〇%を自主的に処分することができる。

企業所や機関には、「社会主義企業管理責任制」が導入された。国が定めた生産計画を満たせば、残りは勤労者の生活費と食料などに回せるようになった。

コロナ収束後に大量脱北の可能性も

今後も水害などの自然災害が起き、作物の不作が続けば、さすがに食料に困る人たちが出てくるだろう。困窮ぶりを伝える報道もちらほら出始めている。

北朝鮮の内部情報を伝えるネットメディア・デイリーＮＫによれば、咸鏡北道の中朝国境地帯で餓死者が発生した。当局は急きょ市民一人当たり、トウモロコシ五キロを緊急支給したという。

中朝国境地域に住む人たちは、感染防止を理由に当局から外出を厳しく制限され、生活がますます困難になっていると訴えている。

韓国統一省は、北朝鮮が国境を封鎖し、対外貿易が事実上中断されたため、輸入されていた生活必需品の物価が不安定な状態だと記者に説明している（韓国経済紙電子版、二〇二一年三月三一日）。また「二一年一〜二月を見ると、電力輸出を除いては、交易内容がほとんどない」と述べている。

デイリーＮＫの消息筋は「国境封鎖が解ければ、中国に逃げようという下心を抱いている市民が増えている」と、不気味な予告をしている。コロナ禍が収まれば、これまでの極端な国境封鎖に懲りた人たちが大量に脱北する可能性がある。もちろん北朝鮮も中国も、国境地帯の警備をいっそう厳格にするだろう。一部では、北朝鮮側は脱北防止のため、中朝国境地帯に壁や高圧電線の設置を進めているとの報道もある。

口が肥えてきた北朝鮮の市民

「とりあえず食べられればいい」という時代は北朝鮮でも終わっている。韓国統一省傘下の統一研究院がまとめた「金正恩時代の食料増産と格差のOFF BEAT」という論文は、食料輸入統計をもとに北朝鮮の食卓事情を探っている。

それによれば、価格が安くコメの代替食品だったトウモロコシは、ここ数年、輸入食品品目のトップ10に入っていない。

逆に小麦粉・砂糖・大豆油の輸入が増加傾向にある。これは菓子、パン、インスタントラーメン、麺類など二次加工食品の生産のためとみられる。北朝鮮国内にも大規模な食料工場が生まれ、加工食品を生産しており、スーパーや商店も増えている。

また肉の供給も増えている。北朝鮮には専門的な焼肉食堂ができ始めている。かつては豚肉が中心だったが、近年は牛、羊、ヤギ、アヒル、ウサギ、犬肉も提供している。

牛肉の缶詰をはじめ、牛乳キャンディ、ヨーグルト、豆乳などの新しい製品も出ている。人々の口は、間違いなく肥えている。その中で再び、トウモロコシを食べて生きていけと言っても、反発が高まるだけだろう。食物の多様化と、飢餓の回避という難しいバランスを取らねばならないだろう。

構造的な問題を抱えた北朝鮮の食料事情を見てきたが、それでは北朝鮮は二〇二〇年、世界食糧計画（ＷＦＰ）を通じて、どれだけの食料支援を受けてきたのだろうか。

国連人道問題調整事務所（ＯＣＨＡ）がまとめた「国際社会の対北支援の現況資料」によると、二〇年は、スイス、ロシア、スウェーデン、ノルウェー、カナダ、ブルガリアなど六ヵ国がＷＦＰの食糧支援事業に一〇五〇万ドル（約一一億円）を支援した。

韓国政府は二〇年六月、北朝鮮にＷＦＰを通じてコメを支援することを決定し、コメの輸送、分配、監視に必要な事業管理費の名目で約一一七七万ドルを世界食糧計画に送金した。一方、ロシア政府もＷＦＰに一〇〇万ドルを追加支援した。

しかし、北朝鮮側が協力しないため支援がどう伝わっていくのかをなかなか確認できていないのが実状だ。このため、支援額は年々減少している。

観光産業も瀕死状態

北朝鮮が頼っている中国との貿易は二一年に入ってもほぼ停止状態が続き、貿易だけでなく、観光客も途絶えた。

韓国の政府系シンクタンク・対外経済政策研究院（KIEP）は、北朝鮮が二〇一九年に、過去最大の約二六～三〇万人の海外観光客を誘致したとの推定を発表した。この九〇％は中国人で、観光収益は九六〇〇万～一億八〇〇〇万ドルだとしている。北朝鮮にとっては重要な収入源といえるだろう。

ところが北朝鮮は二〇年一月二二日、外国人対象の団体観光の受け入れを中断した。一月二八日には外国人のビザ発給を停止し、旅客列車の運行まで止めた。

最大の観光商品は、首都平壌に近い平安南道にある「陽徳温泉文化休養地」で、二〇二〇年一月にオープンしたばかりだった。

スキー場も併設されており、スキー、ショートスキー、ソリ、スノーバイクなどを楽しめる。これらの施設を取り囲むように七棟の旅館と自炊型の宿泊施設群がある。宿泊施設の収容能力は約二〇〇〇人だという。金正恩総書記は、建設中の現場を七回も訪れ、竣工式にも参加してテープカットを行うなど、並々ならぬ関心を寄せていた。

しかし、コロナで陽徳温泉を訪れる中国人はゼロになった。正恩の肝いりで進めた海岸都市・元山のカルマ海岸観光地区も工事が中断し、開業の目途が立っていない。

中国は、資本主義経済が浸透し、貧富の差が拡大している。北朝鮮は、社会主義を固持し貧しいままだが、格差は、中国ほどは目立たない。中国人は、そんな「昔の中国」の姿に、強い郷愁を感じるのだ。

さらに、中国国内で流行している「レッド・ツーリズム」の影響もある。「レッド・ツーリズム」とは、中国共産党の歴史に関する場所をめぐり、革命史や革命精神を学習・追慕する旅行のことだ。中国版「修学旅行」もしくは「センチメンタル・ジャーニー」というったところだ。

二〇〇四年一二月に中国政府によって打ち出された政策で、現在では年間のべ一〇億人以上を動員する。観光対象は国内がほとんどだが、その一部が、隣接する社会主義国、北朝鮮にまで流れていた。

エリート教育を受けたハッカーは四〇〇人規模

国連安全保障理事会の北朝鮮制裁委員会の下で制裁の履行状況を調べる専門家パネルは、毎年報告書をまとめている。最新の年次報告書をロイター通信が報道した。

それによれば、北朝鮮は二〇二〇年も核・弾道ミサイル開発を継続し、国連制裁に違反していた。注目すべきは、サイバー攻撃で不正に得た資金を核・ミサイル開発に活用したとしているとの指摘だ。

名前は伏せられているが、ある加盟国によると、北朝鮮が二〇一九年から二〇年一一月までに盗んだ仮想資産の評価額は約三億一六四〇万ドルだという。制裁前、北朝鮮の外貨収入は年間数十億ドル規模と推定されている。それに比べれば、はるかに少ないものの、入ってはきている。

北朝鮮について報告書は、「核分裂性物質を生産したほか、核施設を維持し、弾道ミサイルに関するインフラを刷新した」とし、これら開発プログラムに必要な物質や技術を北朝鮮は他国で購入しようとしていた。

国連の専門家パネルの報告書に出てきた北朝鮮のハッカーたちが、闇の世界からその費用を奪い取っている。

新しい時代の「戦士」である彼らはどう育成され、どう資金を奪っているのか。

それをうかがわせる発表を米司法省が二〇二一年三月に行った。同省は、米国内外の企業や銀行へのサイバー攻撃によって一三億ドルを不正に取得した疑いで、北朝鮮のハッカー三人を起訴したと発表、名前や顔写真を公開した。

彼らは朝鮮人民軍の情報機関・偵察総局に所属する二〇〜三〇歳代の若者だ。悪性コードをメールで送りつける手法で、現金や暗号資産（仮想通貨）を奪い取った。一五年から一九年にかけてベトナムやバングラデシュなどの銀行のシステムに侵入を繰り返し、現金を盗んだ。一七年にはコンピュータウイルス「ランサムウェア」を作成。情報を抜き取った企業に「身代金」を要求した。インドネシアなどの企業にも攻撃を仕掛け、仮想通貨を盗み取ったという。国境を封鎖してきた北朝鮮にとってみれば、彼らハッカーがいなければ、国が運営できないだろう。

まだあどけなさの残るこの三人が、ハッキングの技術をどこで学んだのか気になる。北朝鮮のハッキング部隊の能力については、世界有数という評価もある。米紙ウォール・ストリート・ジャーナル電子版（一八年四月二〇日）によれば、北朝鮮のハッカーは世界一流レベルに達しているという。独自のコーディングや技術がみられ、専門家を驚かせている。また攻撃の対象を中央銀行やＰＯＳ（販売時点情報管理システム）にまで広げようとしている。そのハッキング能力を使えば経済制裁を乗り切る資金を調達することもできるとみられている。

二〇二〇年後半、米アドビシステムズの「フラッシュ」技術に脆弱性を最初に発見したのは北朝鮮のハッカーで、その後数ヵ月にわたって探知されることなく、狙ったコンピュータのシステムへの攻撃を続けていたという。この記事によると、北朝鮮のサイバー軍はハッカーやサポートスタッフ合わせて約七〇〇〇人で構成され、三つのチームに分けられている。「ラザルス」と呼ばれるAチームは、外国の機関を標的にする。

Bチームは韓国を対象に軍やインフラに関する機密情報を狙ってきたが、最近は韓国以外の機密情報も狙っているとされる。Cチームはスピアフィッシング（標的型フィッシング）と呼ばれる電子メールを使った作戦など、高い技術を必要としない業務を担う。

実態が分からないだけに、過大に評価されていると語るのは韓国の有力紙・東亜日報の周成河《チュソンハ》記者だ。自身のYouTubeでも詳しく紹介していた。周は北朝鮮出身で、海外に駐在する北朝鮮のIT技術者と交流があり、実状を聞いたという。

それによれば北朝鮮がハッキングに目覚めたのは一九九〇年代後半だった。労働党所属対南工作部門の作戦部が、韓国軍と在韓米軍の軍事情報を取得するため、旧ソ連の暗号解読専門家たちを秘密裏に招き、技術を磨いた。

一方で、コンピュータに才能を見せる若者を選抜し、一九九七年平壌市内に牡丹《モラン》大学を設立し、人材養成を始めた。二〇〇九年になって対南・海外工作機構が偵察総局に一本化され、ハッカーたちも偵察総局に属した。

正恩が偵察総局に対し「サイバー戦を遂行する能力を強化せよ」と指示を出し、金星学院という学校にコンピュータ班が設けられた。卒業生は大学でも専門教育を受ける。すでにハッカー技術者は四〇〇人を超えているという。

また、韓国や韓国の大手企業サムスンの支援を受け、インドで専門教育を受けた人もおり、高度な技術を持っている。インドネシアやブルガリアに住み、ハッキングを行っていたという。今は国際制裁の目が届かない中国に移り住んで活動しているらしい。

米国司法省は、北朝鮮のハッカーの活動を封じ込めるため次々に訴訟を起こしている。しかし彼らハッカーの動きを把握するのは容易なことではない。

相次ぐ外交官の亡命の背景

ここ数年、北朝鮮の外交官が相次いで脱北して韓国に入国している。外交官の脱北が続く背景に何があるのだろうか。

まず北朝鮮の駐イタリア大使代理、チョ・ソンギルが二〇一九年七月に韓国に亡命し、韓国当局の保護下にいることが確認された。妻とともに韓国入りした。公共の場所には姿を見せていない。韓国メディアによると、チョは外交活動を通じ、金正恩のぜいたく品の調達にあたっていたという。

北朝鮮の高官の脱北としては、一九九七年に亡命した黄長燁《ファンジャンヨプ》元朝鮮労働党書記がもっとも有名なケースだ。大使級の外交官では同じ年に張承吉《チャンスンギル》エジプト大使が米国に亡命している。

金正恩体制下では、元駐英公使で現在は韓国の保守系野党「国民の力」で国会議員を務める太永浩が脱北した。脱北前に、西側メディアの前で北朝鮮の立場を説明し、ロンドン観光に来た、金正恩の兄、正哲を案内していた。正恩の消息不明時は先走った発言をして批判されたが、情報通で分析力に優れており、本書でもたびたび彼の証言を引用している。クウェートにある北朝鮮大使館の参事官だったリュ・ヒョンウ元大使代理が、韓国に入国したのは二〇一九年九月ごろのことだ。

北朝鮮の外交官は、外貨稼ぎのノルマを背負っている。高級酒やタバコの密売に手を染め、摘発されるケースもある。対北朝鮮制裁が厳しくなったため、外交官への監視は強化され、活動範囲は狭まっている。ノルマを果たせず、帰国を前に家族と脱北に踏み切る人が増えている。本来、外交官は海外駐在中にためた外貨などを使って、帰国後も優雅に暮らせるが、最近では帰国後にどんな待遇を受けるか不安を感じるという。子どもに十分な教育を与えたいというのも脱北を後押しする動機になっている。海外経験が豊富な外交官は北朝鮮の実状と未来を冷静に見ている。

第四章

難局をどう切り抜けるのか

2021年1月に行われた軍事パレードで公開された新型 SLBM（潜水艦発射弾道ミサイル）「北極星5」（朝鮮中央通信＝共同）

党大会で語られた「暗い未来」

数々の困難に直面している北朝鮮は二〇二一年初頭（一月五〜一二日）、朝鮮労働党の第八回党大会を開いた。北朝鮮が直面する難局の打開と、生き残りをかけた重要なイベントだった。

大きな方針転換はなかったものの、新たな国家経済発展五ヵ年計画が発表され、金正恩が総書記のポストに就いた。米国と対抗していく基本方針が示される一方、対話の余地も残した。最終日の演説で正恩は「核戦争抑制力をより強化し、最強の軍事力を育てる」と軍事増強を続けることを宣言した。

党大会の後には、軍事パレードが行われた。米国がもっとも神経を尖らす大陸間弾道ミサイル（ICBM）は登場しなかったが、新型のSLBM（潜水艦発射弾道ミサイル）が登場した。数々の先端兵器の開発が表明され、不気味な余韻が残った。ちょうど米バイデン政権が北朝鮮政策の見直しを進めている時期だったので、北朝鮮側は出方を見たのだろう。ここで決まったことや、報告された内容、さらに北朝鮮の今後の動向を読み解いてみる。

朝鮮中央通信が配信した大会初日の写真をみると、金正恩をはじめ、各地の代表者や傍聴者ら計七〇〇〇人がマスクなしで集まっていた。会議場にはびっしりと出席者が座り、正恩の言葉を懸命に書き取っていた。正恩は黒い人民服姿で登場した。二〇一六年五月の前回党大会にスーツ姿で臨んだのとは対照的だった。

参加者は事前に新型コロナウイルスの検査を受け、隔離も受けたという。しかし、この密集ぶりでは、万が一無症状の感染者がいた場合、クラスターが発生してもおかしくなかった。

コロナ対策として国境を完全封鎖するという極端な対策を取りながら、正恩が出席する会議では、マスクをつけないというのも一貫性がなく、おかしな話だ。出席者は、最高指導者の前でマスクをするのは失礼にあたると考えているのかもしれない。コロナ対策がうまくいっていると誇示したいのだろうか。

党大会は、会期も公式に発表されないまま始まった。初日に正恩が開会の辞を述べた。この中で、「国家経済発展五ヵ年戦略」が「著しく未達」だったと認めた。この国の暗い未来を予告する率直な告白だった。

達成できなかった「経済五ヵ年戦略」の内実

この党大会では、新しい経済五ヵ年発展計画も発表されたが、その前に、目標に到達できなかった「五ヵ年戦略」について触れねばなるまい。

これは北朝鮮が五年前、経済計画として定めたものだ。社会主義国ではたいてい経済プランに「○△年計画」という単語をつけるが、この時は「戦略」という見慣れない用語が使われた。しかも詳細な内容は公表されなかった。国際社会から厳しい制裁を受けており、経済の先行きが見通せなくなったからなのだろう。

この五ヵ年戦略は、すでに目標期間が過ぎてしまったが、いまだに詳細な内容が分かっていない。しかし北朝鮮の内部で作成されたという五ヵ年戦略の内容や問題点を詳細に記述した文書が出回っており、一部で報道もされている。

筆者も韓国の研究者から入手した。言葉づかいなど北朝鮮の特色が現れており、A4で五〇ページ以上ある。タイトルは「国家経済発展計画」となっている。その中には、五ヵ年戦略の具体的な数値目標が書かれていて、目を引く。

例えば、「主体《チュチェ》農法に従った科学技術で育てた穀物の生産量を二〇二〇年には年間八〇〇万トン、ひいては九〇〇万〜一〇〇〇万トンにする」。北朝鮮の穀物生産量は例年四〇〇万トン前後なので、一気に二倍にするというものだ。

さらに「科学技術を用いた農作業に尽力し、町歩当たりの穀物の生産量を稲作地帯では八トン以上、中間地帯と山間地帯では六トン以上にする」。

「肉は二五万トン、水産物一五〇万トンが目標」。

「社会総生産（国内総生産＝GDPのこと）を年平均八％成長させ、二〇年には一四年実績の一・六倍にする」という目標も掲げられている。

高度成長を続けている中国でさえ、コロナ前の二〇一九年の経済成長率は六・一％に過ぎなかった。八％成長はかなり欲張ったというか、無謀な計画だ。結局、経済成長だけでなく、農業生産などの目標は全て実現できなかった。

細かな内容を公表しないまま、最後に指導者が「計画通りできなかった」と発表するのは、普通の国ではあり得ない。ウソでも目標は達成したと言いたかったはずだ。しかし北朝鮮には携帯電話が六〇〇万台も普及しており、情報は早く伝わる。多くの市民は経済の不振を実感しており、表面だけ取り繕っても仕方ないと考えたのかもしれない。この率直さは、金正恩の特徴でもある。

事実上のギブアップ宣言

経済計画は社会主義国の専売特許だ。北朝鮮は過去何回も経済計画を発表している。一九五六年四月に開かれた第三回党大会では「人民経済発展五ヵ年計画」という名前だった。一九八〇年一〇月の第六回党大会では「社会主義建設の十大展望目標」という名称になっていた。しかし、いずれも予定通りには進まず、計画自体が次第に作られなくなっていく。

最後は一九八七年発表の「人民経済発展第三次七ヵ年計画」だった。それ以後は「経済計画」を出せないままだった。

正恩は二〇一二年四月執権後初めての公開演説を通して、経済を向上させるとして、次のように約束している。

「私たちの人民が、再び腰のベルトを引き締めないようにしながら、社会主義富貴と栄華を思いきり享受できるようにすることが私たちの党の確固たる決心だ」。

腰のベルトを締めるというのは、飢えて痩せることを意味する。確かに痩せればウエストは細くなり、ベルトを締めなくてはならなくなる。つまり、自分が食料問題を解決するという決意表明だった。

二〇一六年の第七回労働党大会で「国家経済発展五ヵ年戦略」が発表されたのは、この発言を受けてのことだった。社会主義経済体制の核心である計画経済の枠組みを復活させ、人民の生活を向上させる。かなり冒険的な狙いだった。

それから五ヵ年戦略は、北朝鮮経済の最大課題となった。基本的には経済建設と核武力建設の並進路線が柱になっていた。電力と石炭、金属、鉄道運輸など四大先行部門と農業・水産業・軽工業、対外経済関係など各部門別の課題を提示して、改善を促した。

特に目を引くのは電力難の解消だ。発電所の建設と保守、送配電に必要な施設の整備などを先決事案としてあげた。合弁・合作を通し、さまざまな優遇策を施した経済開発区や観光事業の拡大も呼びかけていた。

二〇年は、その五ヵ年戦略の最後の年だった。ところがこの年の八月に開いた党中央委員会全体会議では五ヵ年戦略について、すでに悲観的なトーンの決定書が採択された。こんな内容だった。

「厳しい対内外情勢が続き、予想していなかった挑戦が重なった。これに合わせて経済事業を改善できず、計画されていた国家経済の成長目標を大きく下回り、人民の生活が目を引くほど向上しないという結果も生じた」。

言い訳じみた単語が並ぶが、事実上のギブアップ宣言だった。つまり正恩自身が、期間終了前に、早々と失敗を認めたのだった。

情報が乏しいので、具体的に何をどう失敗したのか分からないが、経済発展に欠かせず、北朝鮮がもっとも力を入れている電力を隣の韓国と比較すると、失敗の輪郭が見えてくる。

韓国統計庁によれば、韓国の二〇一六年の発電設備総容量（発電所を全て稼働させた場合に生産可能な電気量）は一〇万五八六六メガワットで、北朝鮮（七六六一メガワット）の約一四倍だった。

南北間の開きは、電力生産能力の比較調査を開始した一九六五年以降でもっとも大きくなった。一〇年前の二〇〇六年には韓国の発電設備容量は北朝鮮の八倍だったから、差は年を追うごとに広がっている（韓国・聯合ニュース、二〇一八年四月二三日）。

他にも「四大先行部門」（電力、石炭、金属工業、鉄道運輸）としてハッパをかけていた部門の大部分が二〇～三〇年前と比較して、進展がなかったか、むしろ後退した。

経済五ヵ年戦略に関する北朝鮮の内部文書は、北朝鮮の経済の現状を冷静に分析していた。それによれば、国内総生産（GDP）が二〇〇二年から一四年までは「年平均一〇五・七％伸びた」ものの、最高だった一九八〇年の水準にははるかに及ばなかった。

さらに通貨の安定が実現していないとも指摘している。その理由は「最近一〇年間、輸入に比べ、輸出が一八五・七％となっているため」だった。

内部文書によれば二〇一四年の貿易総額は、一九九〇年代の五四％にとどまっている。そのうち中国が七一・六％を占めていると指摘した。中国依存が問題であり、多角化を図れということだ。

また「奉仕貿易」「技術貿易の比重が低い」とも記述している。奉仕、技術貿易とは、サービスやIT部門での労働力の輸出を意味している。地下資源を中国に輸出するだけではなく、外貨収入の多角化の必要性を訴えていると読める。問題点をちゃんと認識している人が、北朝鮮の中にもいることが分かる。

さらにこの内部文書は、電力、鉄鋼、化学肥料などの生産量が、「生産潜在力を正しく発揮できていない」とも書いている。生産能力はあっても非効率的な運営や設備の老朽化が進み、思うにまかせないのだろう。

地下資源を有効活用し、食料と「必須消費品」の生産を拡大して国民の需要に応じる、とも呼びかけている。まさにこれが、北朝鮮で必要なことだ。きわめてまっとうな分析と言えよう。

「核技術をいっそう高度化する」

ここまで、「五ヵ年戦略」についてじっくり振り返ってみた。

八回党大会では新しく五ヵ年計画が制定された。今回も、計画の詳細は発表されなかった。経済計画をめぐる過去の失敗から学んだ様子はない。矛盾に蓋《ふた》をし、耳障りのいい内容にまとめたとしか思えない。

すでにこの計画の貫徹を呼びかける運動が北朝鮮国内で始まっているが、人々は心の中で戸惑っているに違いない。

北朝鮮の経済の実状や課題は、金正恩が党大会の期間中である五〜七日に行った活動報告に、一部が言及された。これを朝鮮中央通信が九日にまとめて報じている。

まずは「五ヵ年計画の基本、テーマは依然として自力更生、自給自足である」と強調している。今時、自給自足を国民に強いるなど時代錯誤もはなはだしいが、国際的に孤立している中では、これしか道はないだろう。

活動報告ではさらに「新たな五ヵ年計画の中心的課題」が示された。ポイントを抜き出すと、「金属工業と化学工業を中心に投資を集中して、人民経済の各部門で生産を正常化する。農業部門の物質的・技術的土台を強固にし、軽工業部門に原料、資材を円滑に保障する。そして一般消費財の生産を増やす」ことだ。

抽象的な表現なのでいったい何をするのか判然としないが、金属工業と化学工業に力を注ぐという。北朝鮮において重要なのは食料に直結する農業や、日用品を生産する軽工業のはずだ。工業重視を掲げても、電力不足のためうまくいかないのは目に見えている。

数字目標は、この活動報告にはほとんど出てこない。わずかに年間八〇〇トンのセメント生産を目指すことが書かれている程度だ。また、観光地として知られる北朝鮮南部、金剛山地区では、老朽化したホテルを撤去し、朝鮮風の建物を建てることが示されている。

さらに経済活動を国家が統一して行い、統計システムも一元化して強化することがうたわれている。逆に読めば、これまでは各組織がばらばらに経済活動を行っていたということになる。

八回党大会で関心が集中したのは、中身があやふやな経済計画ではなく、正恩がバイデン米政権にどんなメッセージを送るかだった。今度は、党大会での発言や決定書などから抜き出してまとめてみよう。

大会では五日目の九日に、党規約改正に関する決定書が採択された。党規約序文には「強力な国防力で軍事的脅威を制圧、朝鮮半島の安定と平和的環境を守る」と明記された。米国に対して軍事力を増強しながら対抗していくことがはっきりした。

活動報告で正恩は、「最大の敵である米国を制圧し、屈服させることに焦点を合わせる」と発言し、米国を牽制した。一方で「新たな朝米関係を築くカギは米国が北朝鮮への敵視政策を撤回することだ」と宣言し「今後も強対強、善対善の原則」で米国に対応する姿勢を見せ、対話の余地も残していた。

米国との交渉について基本路線を示したほかに、「軍事路線」についても触れている。金正恩は報告の中で「国家防衛力を持続的に維持する」と宣言した。国防重視路線については、これまでと変化はなかったが、それだけではない。具体的に目標を掲げていた。「核技術をいっそう高度化する」と表明した後、「核兵器を小型・軽量化する。戦術兵器化をさらに発展させて、さまざまな手段に適用できる戦術核兵器を開発する。超大型核弾頭の生産を持続的に進める」とも明言した。核開発を続けるということだ。

さらに兵器の能力を上げ、一万五〇〇〇キロ射程圏内の戦略的対象を正確に打撃できるようにし、核の先制攻撃と報復能力を高度化することも目標として掲げられた。核兵器以外の武器についての金正恩の言及が具体的なので、引用してみよう。

▼極超音速滑空飛行戦闘部（弾頭の意味）を開発、導入
▼水中および地上固体燃料エンジン大陸間弾道ロケットの開発
▼核長距離打撃能力を向上させるうえで重要な意義を持つ原子力潜水艦と、水中発射型核戦略兵器を保有

北朝鮮独特の軍事用語で書かれているが、いずれも各国が欲しがるような最先端の武器だ。こういった兵器開発の理由について正恩は「米国の対朝鮮敵視政策に対抗するため」と説明した。

本当に、こんな先端兵器を次々と開発できれば、米国も手が出せなくなるが、もちろん簡単なことではない。

国際原子力機関（IAEA）のオリ・ハイノネン前事務次長は、自由アジア放送（RF

第8回党大会での主な決定事項

核ミサイル	戦術核兵器の開発▽超大型核弾頭の生産▽固体燃料エンジンICBM▽原子力潜水艦の開発推進
経済	基本は自力更生と自給自足。金属工業と化学工業に投資を集中し、生産を正常化し、農業部門の物質的・技術的土台を強化。軽工業部門で原料、資材を円満に保障し、人民消費品の生産増
外交	米国は最大の敵、制圧、屈服させる▽中国はじめ社会主義国との関係強化
人事	正恩が総書記に、与正は降格、趙甬元が政治局常務委員▽党大会は5年ごとに開催

A）に対して、「経済政策の失敗と厳格な国連制裁に苦しんでいる小国にとってこれは非常に野心的な計画だ」と述べた。そして、「計画にある兵器の一部はすでに開発に着手しているかもしれないが、これらの最先端の兵器を完成させるには、一〇年以上かかる」と早期の開発に懐疑的な見方を示した。

数年後に核潜水艦を建造か

最先端兵器の開発計画の中でも、波紋が大きかったのは「核兵器搭載の潜水艦」の開発が進んでいることを初めて公式に言及した部分だ。こんな表現だった。

「海軍の水中作戦能力を向上させる新しい『核潜水艦』の設計研究が終わり、最終審査段階にある」。

これには専門家からは、完成が間近に迫っている、いや、単なるこけおどしだなど、さまざまな見方が出た。

「設計研究の最終審査段階」とはどういう意味なのか。

これは通常、潜水艦の大きさや、搭載装備などの基本設計が終わり、個別の装備の設計、試運転の方法などを決める段階を指す。本当にこの段階まで来ているとしても、「進水式まで最小限三〜四年がかかる」（韓国・文化日報、二〇二一年一月一一日）のが一般的な受け止めだ。

もちろん、もっと早く完成する可能性もある。小型核弾頭を搭載したミサイルを発射できる核（原子力）潜水艦は、北朝鮮の軍事力を一気に引き上げるだろう。高濃度の核燃料があれば数十年にわたって原子炉を稼働させることが可能であり、燃料補給がほぼ不要だ。海水を蒸発させて真水を生み出し、それを電気分解することによって酸素を供給することもできる。

このため船員の酸素確保のために浮上する必要もなく、海中にほとんど無制限に滞在でき、相当な速度でも進める。相手に気がつかれないまま、陸地に近づき、海中から核ミサイルを発射できる。

ちなみに、北朝鮮はSLBMの開発をほぼ完成させているとの評価が多い。潜水艦からの試験発射だけが残っている段階とされる。

前出の韓国・文化日報は、政府消息筋を引用し、金正日総書記が生前、「核潜水艦を建造せよ」との遺言を残したという情報があると伝えた。今その目標に近づいているということなのだろう。

米国の衛星も、北朝鮮が新型の潜水艦を建造している現場を撮影している。完成した場合、北東アジアの安全保障地図を塗り替えてしまうだろう。

金正恩、総書記就任の意味

八回党大会では、党の規約が改正された。党中央委員会に「第一書記」のポストが新設されたほか、党規約から金日成や金正日の名前が大幅に削除された。「主体」、「先軍」といった、先代の指導者を象徴する政治スローガンも削られ、新たに「人民大衆第一主義」が強調された。「正恩カラー」がより鮮明に打ち出された。

大会の最終日に、正恩が父の金正日と同じ朝鮮労働党の総書記に就任したのは、大方の専門家にとっても予想外のことだった。祖父・金日成は一九六六年一〇月から死去する九四年七月まで党中央委員会総書記の座にあった。父・金正日も九七年一〇月から死去する一一年一二月まで総書記の肩書きを持っていた。

書記という肩書きは、日本では「単なる記録係」と受け取られるかもしれないが、社会主義国では伝統的に高い地位を意味する。旧ソ連や中国でも使われていた。脱北者に聞くと「北朝鮮では書記という肩書きを持っている人は無条件で尊敬される」という。

第８回党大会後の朝鮮労働党組織図

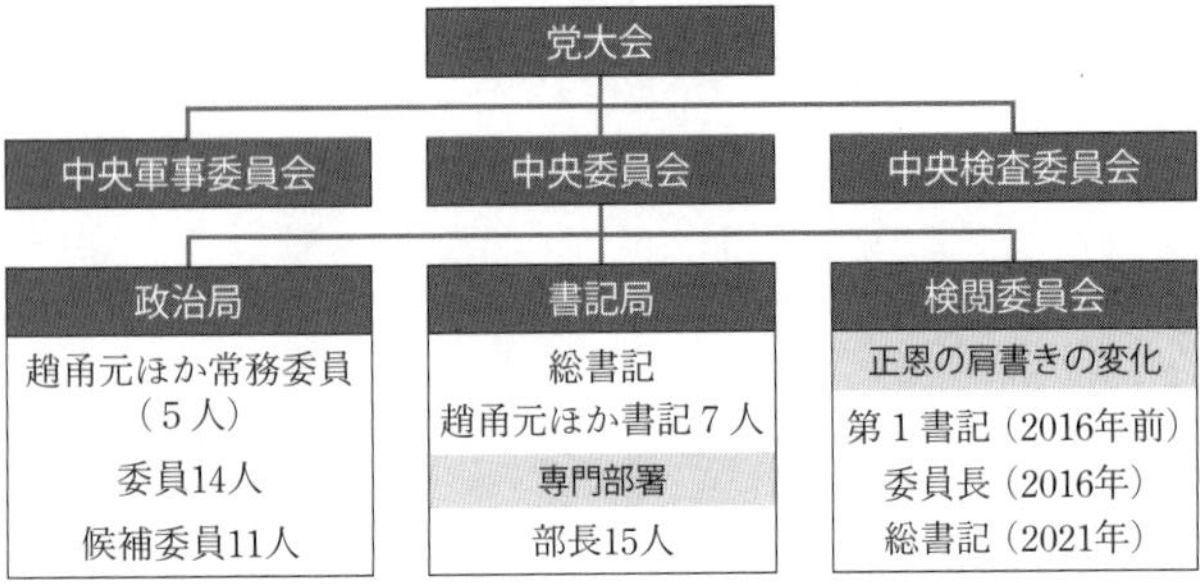

出典：韓国・国民日報

労働党内には、もともと「委員長」や「副委員長」という肩書きが多く紛らわしいため、トップに立つ正恩の地位を総書記に変え、差別化を図ったとの解説をする専門家が多い。

父から権力を世襲した金正恩は、核・ミサイル開発に邁進した。核実験を繰り返し、一七年一一月には大陸間弾道ミサイル（ＩＣＢＭ）「火星15」を発射して、「核戦力の完成」を宣言した。交渉力を高め、米国との首脳会談を実現させた。

八回党大会で採択された決定書は、金正恩の業績について「国家核武力完成の歴史的大業を実現させた」とし、「非凡な外交知略と対外活動で、世界政治の流れを主導する」と称賛した。

父の肩書きを自分に付けたのは、自信の現れとも考えられるが、私は逆ではないかと感じる。厳しい周辺環境、国民からの厳しい視線を感じ、父の威光も借りて難局を乗り越えたいのではないか。

SLBMミサイルだけを公開した理由

党大会の後の一月一四日、平壌の金日成広場で軍事パレードが行われた。その模様は北朝鮮国営メディアで中継された。黒い革のコートで登場した正恩はパレードを観閲し、満足そうな笑顔で手を振った。

世界のメディアがこぞって報道したのは、トラックに載って登場した新型のミサイルだった。形などからして潜水艦発射弾道ミサイル（SLBM）とみられた。朝鮮中央通信は、どの兵器か特定せず、「世界最強の兵器、潜水艦発射弾道ミサイルが次々と広場に入り、革命的な軍の力を強力に示した」とパレードの様子を伝えた。

このSLBMの胴体部には「北極星5」と書かれており、前年一〇月に行われた大規模軍事パレードで披露された「北極星4」の改良版の可能性があると指摘された。

今回のパレードでは、大陸間弾道ミサイル（ICBM）の姿はなく、SLBMだけが登場した。どこからでも発射可能なSLBMのほうが、米国を圧迫するのには有効だと見ているのだろう。北朝鮮は、刻々と兵器の水準を上げている。

「ロケットマン」から「ミーティングマン」に

父の業績を受け継いだ正恩は、父とは全く違う統治スタイルを取った。自分が党レベルの会議を招集し、そこで重要な決定を行う。結果を迅速に公表する。執権直後の二〇一二年からその傾向が現れていた。

トランプ米大統領は、正恩を「ロケットマン」と揶揄して呼んだことがある。あまりに頻繁にミサイルを打ち上げるためだ。それに乗じて言えば、最近の正恩は「ミーティングマン」とでも呼ぶべきだろう。

二〇二〇年は夏までに一〇回以上の党レベルの国家会議を主宰した。これは、二〇一二年執権以降、もっとも多い回数となっている。国レベルの決定を、一応合議で決めていると示すのが狙いだ。

北朝鮮は一月末から新型コロナウイルスの流入を防ぐために国家非常防疫体制を取った。さらに、二〇〇七年以来最悪と推測される洪水被害が発生し、復旧のため人と物資を総動員した状態だ。対応に苦しんでいることが、会議の回数の多さに反映している。

不思議なことに、最近北朝鮮メディアは各種会議が開かれた際、正恩が「司会」したと報じることが多くなっている。最高権力者なのだから主宰した、もしくは招集したなどと表現する方が自然なはずだ。部下に責任を押しつけるためではないかとの分析もある。

正恩時代に入って目立ったのは、朝鮮労働党の核心組織である政治局と内閣のメンバーが入れ替えられたことだ。

韓国統一省は、毎年北朝鮮の人名簿を公表している。北朝鮮主要人物情報と北朝鮮機関別人名録だ。この二つのデータによれば、二〇一九年に北朝鮮労働党政治局所属者の八〇%近くが交代、内閣の幹部も一一人中九人が入れ替えられ、計八二%の高い交代率を示した。

正恩時代になって大きな人事としてあげられるのは、李英鎬《リヨンホ》総参謀長の突然の解任だ。党中央委員会政治局常務委員、党中央軍事委員会副委員長をはじめとするすべての肩書きが外された。二〇一二年七月のことだ。

理由について朝鮮中央通信は「病気の関係」とだけ説明していたが、軍の力を抑え、権力を軍から党に移行させるという正恩の方針に反対し、解任に追い込まれたのではないかとの見方もあった。

韓国にある北朝鮮脱出民（脱北者）団体「北韓戦略センター」は金正恩体制が発足した二〇一一年以来、計約四〇〇人が粛清されたと報告書で明らかにしている。また粛清だけでなく、若返りも図られている。

同センターによれば、北朝鮮の既得権層が蓄えていた外貨の没収が狙いで、これまでに数百万ドルを没収した。国際社会の経済制裁の下、反対派を排除するとともに、政権の財政を強化する意図があるという。

驚くことに、この中には護衛司令部の幹部も含まれていた。この組織は、金正恩総書記やその家族の身辺警護、関連施設の警備を担当する、いわば親衛隊だ。その重要な組織の幹部が、なんと数万ドルの不正資金を運用した疑いで粛清されたという（韓国・聯合ニュース、二〇一九年二月二〇日）。北朝鮮の広範囲で不正・腐敗がはびこっていることがうかがえる。

粛清と言えば、叔父の張成沢、異母兄弟の金正男《キムジョンナム》も粛清された。これらの事件を通じ、正恩には無慈悲な指導者というイメージが定着した。

人口中の軍人比率はトップレベル

北朝鮮の最大の国家スローガンは、核と経済の並進路線だ。これは二〇一三年三月三一日に開かれた朝鮮労働党中央委員会で、正恩が初めて明らかにしたものだ。

ただし核と経済の並進路線という考え方は、正恩独自のアイデアではない。すでに国防経済並進路線として、一九六二年一二月の党中央委員会第四期第五次全員会議で提示されている。

あらためて並進路線を取った理由として、金正恩は、「世界最大の核保有国である米国の核脅威にさらされている中で、朝鮮が核武力を質量的に強化せざるを得ない」とした。やむを得ず選択したと言いたげだった。

一方でこの路線は、「少ない費用で国の軍事力をさらに強化し、経済強国建設と人民生活向上に多くの資金を回すことができるようにするもっとも効果的な戦略である」とも説明していた。

国の安全を守り、経済も発展させるもっともよい道、と言いたいのだろう。こう言わなければ、軍備増強を優先するあまり、生活の不便さを強いられている北朝鮮の人々は納得できない。

核兵器について「けっして米国のドルと交換するための商品ではなく、朝鮮の武装解除を狙う対話と交渉のテーブルにのせて論議する政治・経済的取引物ではない」とした。金を出せば放棄する性質のものではないという理屈だ。

ところが、核開発に資源を優先投入し、その成果として核実験すればするほど、一般の産業は停滞した。その理由は、経済の専門家でない私にも分かる。軍需産業は、経済活性化に大きな効果は果たさない。むしろ国際社会からの経済制裁が厳しくなり、経済を圧迫するからだ。

北朝鮮では、予算に占める国防費の割合が一六％程度で推移している。並進路線でも、大きな削減はされていない。それどころか、比率の高さは世界一になるとの統計もある。

米国務省が作成し、公表した「二〇一九年世界軍費支出と武器移転」報告書によれば、世界で国家経済規模に比べ、国防費支出の比重がもっとも大きい国は北朝鮮だった。軍事費支出は国の予算の半分程度を占めていた時期もあったとみられている。

人口中の軍人比率も北朝鮮がもっとも高い。北朝鮮の軍人数は一一六万人で、中国二〇六万人、インド一四一万人、米国一三八万人に続き四位だが、北朝鮮は人口が二五〇〇万人しかいない。にもかかわらず、一四億人（中国）、三億人（米国）とほぼ同レベルの数の軍人がいる計算になる。これが国家経済への大きな負担となっている。

核は手放せない構造

北朝鮮の核兵器も、正恩時代に急激に増えた。現在保有している核弾頭は、あくまで推定だが、数十発というのが共通した見方になっている。

核兵器に関して毎年、年鑑を発表しているスウェーデンのストックホルム国際平和研究所（ＳＩＰＲＩ）は、北朝鮮が保有する核兵器は、二一年六月現在四〇～五〇発と推定し、前年より一〇発増加したと発表した。

ＳＩＰＲＩはさらに、「北朝鮮は国家安保戦略の核心として核兵器計画を最優先に置いている」とし、「北朝鮮は核実験および長距離ミサイル実験の中止（モラトリアム）を履行しているが、この期間も新しい種類の短距離ミサイルを数回発射した」と記述した。ちなみにＳＩＰＲＩは、世界の核弾頭総数を一万三〇八〇発と推定している。

一方、米国防総省傘下の陸軍部が二〇年七月に作成した報告書「北朝鮮戦術」によれば、北朝鮮の核爆弾保有量は二〇〜六〇個となっている。毎年六個の核兵器を新たに作ることができ、北朝鮮が二〇二〇年までに保有核爆弾数を一〇〇個に増やす可能性があるとも分析している。

報告書は、北朝鮮が「核を持つことで政権が維持できる」と考え、核兵器の開発を進めていると記述している。特に、リビアのカダフィ大佐が二〇〇三年に核兵器を放棄した後に失脚、処刑された事例を強く警戒していると指摘した。

金正恩は南北首脳会談などで、「朝鮮半島の非核化」を約束してきた。このため、条件さえ整えば核兵器を放棄するとの見方もある。韓国の文在寅政権はこの見方を取っている。

しかし、「朝鮮半島の非核化」とはあくまで韓国に駐留する在韓米軍を含め、半島全体で核軍縮を進めるという意味だ。苦労して開発した核を、簡単に放棄するとは思えない。

そもそも北朝鮮は、憲法の序文に「核保有国」であることをうたっており、核を手放せない構造になっている。今後も核保有を前提に、米国との交渉を行うはずだ。

急速に技術を高めるミサイル

北朝鮮はここ数年、ミサイルを相次いで発射している。核実験は、友好国の中国を含め、近隣の国から激しい反発を招くが、ミサイルならそれほどでもない。「使えない兵器」である核よりも、ミサイル実験の方が、軍事力を誇示するには便利なのだ。

正恩もそれに気がついているはずだ。それを裏付ける数字がある。日本の防衛省のまとめによれば、故・金正日総書記は、自分の在任中、弾道ミサイルを一六発発射した。

一方、権力を引き継いだ正恩は、二〇二〇年までに計八八発も実験しており、種類も急激に増えている。ミサイルを国土防衛の切り札と考えていることがうかがえる。日本の領土を飛び越えたミサイルもあり、日本にとっても脅威だ。

北朝鮮が「超大型放射砲」と呼ぶ連射型ミサイルも脅威の一つだ。発射間隔が短くなっており、技術の進展が著しい。一九年八月には約二〇分間隔だったが、二〇年三月には一分未満に短縮され、急速に技術を高めている。

ミサイルに関しては深刻な問題も浮上してきた。国連が、北朝鮮が核開発を継続し、

日本の領土を越えたミサイル

日時	種類	通過と落下場所（推定含む）
1998年8月31日	テポドン1号	北海道上空、三陸沖の太平洋に落下
2009年4月5日	「テポドン2号」の改良型	秋田県と岩手県の上空
2012年12月12日	3段式の長距離弾道ミサイル	沖縄・先島諸島付近の上空
2016年2月7日	「人工衛星」と称する弾道ミサイル	沖縄県上空を通過、日本の南約2000キロの太平洋上に落下
2017年8月29日	中距離弾道ミサイル	北海道上空550キロを通過、三陸沖太平洋に落下

日本政府の発表から作成

「核弾頭の小型化」にも成功した可能性があると初めて認めたのだ。

国連安保理の北朝鮮制裁専門家パネルが二〇年八月三日に発表した報告書には、複数の加盟国の見方として、北朝鮮は核開発を続けており、核弾頭として弾道ミサイルに搭載可能な核兵器の小型化について、「恐らく実現した」と書いてあった。

同じ報告書では北朝鮮が「高濃縮ウランの製造や、実験用軽水炉の建設を含め、核開発を続けている」とも指摘していた。北朝鮮の軍事力の実態はなかなか把握できないが、かなり危険なレベルに達しているようだ。

軍事力による「正面突破」

駆け足で、正恩が取り組んだことを振り返った。経済面では成果は出ず、不振なままだ。一方で、なりふり構わず核・ミサイルの開発を続けている。

しかし正恩が祖父、父を間違いなく上回った部分がある。

それは「宿敵」である米国の大統領と二回、本格的な会談を行ったことだ。二〇一八年六月にシンガポールで、翌一九年二月にはベトナムのハノイで首脳会談を行った。

この一連の会談の前に、実は核と経済の並進路線の見直しも行っている。矛盾を十分意識しているのだろう。

見直しは二〇一八年に行われた。この年の四月二〇日に開かれた朝鮮労働党中央委員会の総会で、「社会主義経済建設への総力集中」が採択された。並進路線から核開発を消し、「豊かで文化的な生活」の実現に邁進するとの新たな方針だった。

核開発を放棄するのではないが、正恩体制の基本方針だった「核開発と経済建設の並進路線」が修正された。米国との関係改善が実現すれば、核開発を中断してもいいと考えたのかもしれない。

ところが、米国との首脳会談が不調に終わると、正恩は「新しい道」を宣言した。軍事力強化で難関を突破するという正面突破戦だった。

「新しい道」について正恩は、二〇一九年の年末に開かれた党中央委員会総会で、「敵対勢力の制裁圧力を無力化させ、社会主義建設の新しい活路を切り開くための正面突破戦を強行しなければならない」と強調していた。

総会の結果を伝える報道には、「正面突破」「正面突破戦」との言葉が計二三回も登場した。正恩は「米国が敵視政策を最後まで追求するなら、朝鮮半島の非核化は永遠にない」と述べ、事実上、当面の非核化交渉の中断を宣言した。

二〇一八年四月に核と大陸間弾道ミサイル（ＩＣＢＭ）発射実験の中止を決定し、「経済建設総力集中」路線に転換してから一年八ヵ月で「核・経済並進路線」に回帰したことになる。

演説で流した涙

大きな体を揺らして、低い声で米国を脅す。金正恩に対する一般的なイメージはこんなところだろう。そんな正恩が、二〇二〇年一〇月に平壌で深夜に行われた軍事パレードでの演説では、感情を高ぶらせ、涙まで流した。世界のメディアも、彼の弱々しい様子を報道した。何が起きたのだろうか。

演説は約三〇分間続いた。パレードに出てきた最新兵器に自信を示す一方で、こんな言葉が飛び出した。

「人民の大きな信頼を受けているのに、一度も報いられず本当に面目ない」。

「私が国を率いる重責を負っているが、努力が足りず、人民が生活苦から抜け出せない」。「防疫や災害復旧戦線での将兵の献身は、感謝の涙なしにはいられない」。「一人も新型コロナウイルスに感染せず、健康でいてくれて本当に感謝する」。「年初から一日一日、一歩一歩が、予想しなかった大きな課題と障害に直面し全く手に負えなかった」。

演説の途中で感極まった様子になり、メガネを取って涙を拭う仕草をした。

この演説を見た北朝鮮元外交官の高英煥《コヨンファン》は韓国メディアの取材に対して、「北朝鮮の指導者が公開の席上で泣くのは今回初めて見た」と驚きを隠さなかった。「金日成は強いリーダーシップで、金正日は、威厳と権威で北朝鮮を統治した。今回は、北朝鮮の指導者が人民に申し訳ない、ありがとうと言いながら泣いた。これは北朝鮮の厳しい内部事情と関連がある」と指摘した。

正恩は三重苦で厳しい生活を強いられている人民の不満を感じているが、核に固執しているため、活路を見いだせずにいる。打開する方法がないので「人民大衆第一主義」をことあるごとにアピールし、「涙の政治」「感性の政治」（高英煥）をしているというのだ。

正恩の暗殺を狙う「北韓内部革命組織」

正恩は朝鮮労働党の八回党大会の冒頭で、経済戦略が達成できなかったと認めたことはすでに触れた。その中にこんな表現が含まれていた。

「社会主義建設で絶え間ない新たな勝利を収めるために闘うわれわれの努力と前進を妨げ阻害するさまざまな挑戦は、外部にも内部にも依然として存在しています」。

経済不振の原因を天候や制裁、新型コロナウイルスのせいにするのは理解できるが、見逃せないのは「努力と前進を」「阻害する内部」の要因という表現だ。正恩の指示に従わない勢力、もしくは権力を悪用した不正・腐敗があると匂わせている。

正恩は、「非常設の中央検閲委員会を設置し、実態を把握する」と強調した。経済の失敗の責任を現場の幹部に押しつけるつもりなのだろう。そうしなければ、民衆の反発が怖いのだ。今後、経済担当者のクビのすげ替えが始まるに違いない。

過去、金正恩の命を狙う事件は何回かあった。小さな試みを含めれば計二六件にものぼるとの見方もある（韓国・チャンネルAテレビ「いま会いに行きます」三月二二日放送）。

この番組に出演した著名な人権活動家、都希侖《ドヒユン》は、北朝鮮の反体制グループを支援していたことを明らかにした。二〇一四年に北朝鮮内部で活動する金ソンイルという男性から連絡を受け、知り合った。ロシアに留学経験のある技術者だった。

「北朝鮮で一〇・二六（韓国の朴正煕大統領の暗殺事件）を起こす」と語っていたという。

つまり、金正恩の暗殺を計画していたのだ。「北韓内部革命組織」と名乗っており、数人のグループで、この男性がリーダー格だった。

二〇一六年に北朝鮮に戻ったものの、失敗したという。

都希侖は一連の経緯を二〇一九年、韓国の月刊誌「月刊朝鮮」に発表した。電話では盗聴される危険があるため、金ソンイルとは、SNSを通じて連絡を取り合った。都は、彼らの活動に必要なパソコンなど必要な物資を送った。

同誌の八月号に掲載された連載の二回目では、金ソンイルが何を成し遂げようとしていたかを詳細に紹介した。

金らが目指していたのは金一族の、ウソで誇張された歴史を暴き、人民に知らせることだった。彼らは超人間的な能力を持った存在ではなく、「普通の人間に過ぎず、大地主であり、大独占財閥であり、数多い奴隷の所有者として、プロレタリア独裁の一次打倒対象であり、民主主義の仇《かたき》」であるという認識を人民が持つようにする。

そのためには地下ラジオ局を開設し、住民に本当の情報を伝える。さらに、このような歴史が繰り返されないよう、北朝鮮を憲法を持った民主主義国家に作り変える。新しい国家が実施するさまざまな民主改革の法令草案を公開するなどとしていた。

民主法令の草案の中には、以下の内容が含まれていた。

身分制度の撤廃、旅行と居住地移動の自由
個人財産権の認定と市場活動の自由
無報酬による強制労働をやめ、週四〇時間労働制の実現
北南間の自由な移動と居住地選択の自由
政党創立と活動の自由

私たちにはごく当たり前のことだが、北朝鮮では無視されるか、実現されていない。ここまで体系的に、北朝鮮の未来を考えていたのは驚きだ。

二〇一七年になって北朝鮮系のインターネットサイト「ウリミンジョクキリ（わが民族同志）」に金ソンイルが突然登場し、暗殺計画を自白する場面が放送された。

内容は衝撃的だった。「韓・米情報機関による最高首脳部への極悪非道な特大テロ犯罪の真相を暴露する」と題して、金ソンイルが自ら告白していた。

目の部分がモザイク処理された金ソンイルは、都希侖の実名を出し、「敵の反共和国謀略宣伝に騙され、テロ犯罪行為に加担してしまった」と語っていた。韓国の国家情報院関係者と結託し、生物・化学兵器や、放射性物質ポロニウムを金正恩が座る椅子やペンに塗

って殺害する計画を立てたとも語った。

続いて、都から送られたとする韓国製のパソコンや衛星送受信装備と携帯電話、さらに二人が実際にやりとりしたという文字メッセージ、国家情報院要員と協力者の実名と顔写真、電話番号の一覧などの映像も流された。どれも本物のように見えた。

この放送後、金ソンイルの消息は分からない。都希侖は、「家族とともに処刑されたのではないか」と語っている。

何重にも身辺保護が施されている金正恩の命を狙うことは非常に困難だが、都は、金ソンイルのグループの一部は、今も北朝鮮に残っていると語っている。第二の「金ソンイル」が、いつかどこかで動き始めるかもしれない。金正恩は、首脳会談の場では、自分が座る椅子を消毒し、ペンも自分専用のものしか使わない。毒物を極度に恐れているという。

新部署を設置し、内部監視を強化

内部の監視を強めるためと思われる新しい部署に、第八回党大会で非常設の中央検閲委員会が設置されたことは説明した。それだけではなく、さまざまな機関に相次いで設置されている。内部に不満がたまっており、監視を強めざるを得ないのだろう。

軍を監督する機関としては、すでに朝鮮人民軍の総政治局などがある。しかし、一九年末には朝鮮労働党に、「軍政指導部」という部署が新設された。軍の権力機関を直接総括監督する非公開の組織だ。韓国の情報機関・国家情報院も、この組織の存在を確認している。幾重にも軍の動きに目を光らせ、クーデターなどを防ぐ狙いだろう。

二〇二〇年八月、北朝鮮は党中央委員会の政治局会議で「党中央委員会に新設部門を作る問題を審議・決定し、その職能と役割を提示した」と明らかにした。「国家と人民の尊厳と利益を守り、社会の政治的安定と秩序をしっかりと維持・担保する」のが目的で、「組織行政部」という名前だ。

「司法、検察、保衛、安全機関を掌握・指導し、党の唯一的指導体制を確固として保障しようということにある」（韓国・デイリーNK、二〇年九月二日）という。一般の人たちを監視している機関をさらに監視するというのは、どういうことなのか。もっと厳しく監視し、取り締まれというメッセージなのだろう。

八回党大会では、朝鮮労働党内に規律調査部と法務部を新設することが決まった。「経済難と新型コロナウイルス感染症のために乱れた社会の綱紀を正すための措置」（韓国・聯合ニュース）とみられている。

正恩はたびたび「私たちの党にとって最も警戒して第一の闘争対象とする標的は、派閥主義と官僚主義で、不正・腐敗行為を根絶する」と強調している。これは単なる叱咤ではなく、強い危機感の現れと取るべきだろう。

韓国のドラマを見れば死刑？

北朝鮮は二〇二〇年一二月、「反動思想・文化排撃法」というおどろおどろしい名前の法律を制定した。狙いは韓流封じだ。ドラマや音楽を通じて韓国に憧れ、北朝鮮に対して批判的な考えが広がることを恐れているのだ。

正恩はこの法律に関して、「反社会主義・非社会主義的な行為を庇護・助長させる対象を幹部から断固排除する」と厳しい論調で非難した。国民はこの法律を「人民の目と耳を防ぐ悪法」とし、陰で非難しているという。

北朝鮮では、一般の人たちがUSBメモリーやSDカードを使って韓国の映画やテレビドラマ、音楽をひそかに持ち込み、家で視聴するケースが相次いでいる。韓国人よりも韓国ドラマに詳しい人もいるとさえ言われるほどだ。

反動思想・文化排撃法は、外国映画を視聴する行為を「社会主義思想に背く行為」として、厳しく処罰する。韓国の映像の拡散を行った場合、死刑に処されることもある。視聴しただけで最大懲役一五年となるなど、人権を無視した内容だ。

この法律制定前から、国家保衛省（警察）を中心とした「一〇九常務組」という組織があり、韓流の摘発を行ってきた。コロナ禍で不安定になっている人々をいっそう思想統制する必要が出てきたようだ。しかし、多くの市民は摘発を恐れながらも韓国の文化に接しているという。それは、自然な愛情の表現が豊かに盛り込まれ、北朝鮮よりはるかに発展した韓国の姿が分かるからだ。

私が話を聞いた二〇代の女性脱北者は、「北朝鮮では愛情の対象はまず指導者で、家族や恋人への愛情はタブー視される。それだけに、大胆に感情を示す韓国の文化に憧れる」と話していた。果たして、いつまで人々の心の中を統制できるだろうか。

建設現場に住民や軍人を動員

コロナで不自由な生活を強いられている国民の不満をそらすため、二〇二一年に入って金正恩が取り組んだのは、平壌での住宅建設だった。平壌市中心部の普通江地域周辺が対象となった。

建物が撤去され、新しい住宅建設工事が始まった。金正恩も、建設現場を訪れ、建設の進み具合を確認している。

一月に開かれた第八回党大会で、金正恩は二〇二五年までに五万世帯の住居を準備するとの目標を示しており、この約束を果たそうとしている。

コロナ禍で海外から物資は入ってこないが、鉄筋やセメントなどの資材は国内で何とかまかなえるという。さらに軍人を大量に投入して、建設にあたらせているので、人件費はかからない。

住宅を建設している地域は、平壌でも一等地にあたる。以前、祖父・金日成主席の官邸があった場所でもあった。

市の中心部に流れる大同江の支流に面し、最高主権機関である最高人民会議が開かれる万寿台議事堂や、各種のイベントの会場となる金日成広場にも近い。金正恩はしばしば「人民大衆第一主義」を口にするが、住宅建設はそれを象徴する事業でもある。

ただ、住民の福利厚生のためだけに住宅建設を行っていると受け取るわけにはいかない。正恩が自ら旗を振って住宅を建設することで、スタートしたばかりの経済五ヵ年計画の成果としてアピールしたいのだろう。国民の不満を封じ込めることも考えているはずだ。

建築現場には、大学生や主婦も動員されているという。北朝鮮の内部に詳しい脱北者の一人は、「厳しい労働に従事させ、体制に不満を持つ余力をなくさせている」と皮肉っている。過去にも、経済が不振に陥ると大規模な住宅建設が行われた事例があった。市民の苦難はまだまだ終わらない。

第五章
「ポスト正恩」政権を占う

2021年４月の「太陽節」で錦繡山太陽宮殿を訪れた朝鮮労働党の幹部。左から２番目が趙甬元党常務委員（朝鮮中央通信＝共同）

手をポケットに入れて金正恩と話す男

二〇二〇年に北朝鮮は相次いで台風に見舞われ、水害で多くの田畑や住宅が被害にあった。そんな中、八月二八日に北朝鮮メディアが報道した写真を見た人たちは、目を疑った。一面トップの写真に写っていた男性が、金正恩の前で手を上着のポケットに入れていたからだ。

最高指導者の前では、拍手をしたり、指導者の言葉をメモすることはあっても、手をポケットに入れるのは大変失礼な行為とされる。たまたまポケットからメモを取り出すところだったのかもしれないが、こういうシーンが撮影され、そのまま公表される。そんなところに、この男性の特別な立場が反映している。

この男性こそ、趙甬元《チヨヨンウオン》（勇元との表記もある）。現在、正恩の経済視察に頻繁に同行しており、「懐刀」のような存在だ。朝鮮労働党の第八回党大会で、異例の昇格を果たした。趙は、党の意思決定機関である政治局の局員候補から政治局員を経ずに常務委員にスピード出世し、権力序列の五位となった。一般の会社にあてはめれば、ヒラの取締役が先輩たちを抜いていきなり社長になったようなものと言える。

趙は同時に組織担当書記、軍を統率する党中央軍事委員会の委員まで担当することになった。公式行事では正恩のすぐ横に立つようになったことから、序列は三位になったともみられている。メディアは「正恩の影武者」「正恩の男」「正恩の右腕」などと表現して、強いスポットライトを当てている。

この出世ぶりを裏付けたのが二〇二一年四月一五日のことだった。この日は北朝鮮最大の記念日である「太陽節」だ。金日成主席の誕生日であり、金正恩をはじめとする幹部は、金主席の遺体が安置された錦繡山太陽宮殿を参拝する。例年、正恩に一〇〇人以上が同行するが、二〇二一年はコロナ問題もあり、わずか五人だけだった。李雪主夫人、金与正、朴正天《パクチョンジョン》軍総参謀長、玄松月《ヒョンソンウオル》党副部長、そして焦点の人物である趙甬元だった。側近中の側近となった趙甬元とは、何者なのか。

趙甬元常務委員（朝鮮中央通信＝共同）

正恩と同じ黒革のコート

趙甬元は一九五七年に中朝国境に接した慈江道で生まれた。北朝鮮の主流は抗日抵抗運動（パルチザン）

出身者やその家族、親族だ。これに対して趙は、ごく普通の家庭の出身だった。子どものころから頭脳明晰で、最高学府の金日成大学に入った。物理を学んだという。

当時、金正日から、「緻密な思考と論理を備えた理工系出身者を労働党に採用するように」との指示があったという。この指示を受けて、趙は労働党に入り、中核である組織指導部で働き始めた。その後、第一副部長に出世した。党の組織管理などですぐれた成果を出したという。

趙は、控えめな性格が正恩に気に入られたという。二〇一四年五月、平壌で二三階の新築アパートが崩壊する事故があった。数百人が犠牲になった事故で、北朝鮮の面目を丸つぶれにしたが、この事故の原因究明の責任者となった趙は徹底的に調査し、正恩の厚い信頼を受けるようになった。

趙は二〇一二年四月、日頃の活動が認められ、正恩から最高の栄誉である金日成勲章を受けた。一四年一二月から公式報道に登場した。翌一五年から金正恩に随行する回数が目に見えて増えていく。

韓国統一省のまとめによれば一六年には黄炳瑞《ファンビョンソ》総政治局長の四〇回を抜いて、随行回数一位（四七回）を記録した。一六年に開かれた七回党大会で、正恩に近寄り耳元に何事かをささやきながら報告する姿が報道され、二人の親密ぶりが関心を呼んだ。

その後も一七年には三四回、一八年五一回、一九年三四回、二〇年一二回など、計一三一回随行した。公式には序列二位の崔龍海の八六回をはるかに上回る。

平壌の金日成広場で、二一年一月一四日夜に開かれた党大会の記念軍事パレードで、正恩は黒い革のロングコートを着て、軍人や観衆の前に現れた。この時同じ黒革のコートを着ていたのは実妹・金与正、秘書役で元歌手の玄松月、そして趙甬元だけだった。韓国メディアもこの「家族コート」の意味を詳しく報道した。一部では「正恩と趙は姻戚関係にあるのではないか」との推測も出たほどだ。

二〇二一年二月八～一一日に開かれた党中央委員会総会では、さらに驚くべきことが起きた。金頭日《キムドウイル》書記兼経済部長に向かって、趙甬元が叱責しているような写真が北朝鮮で報道されたのだ。

この模様について朝鮮中央テレビは「党中央委員会、趙甬元同志は、主要な計画の指標を嘆かわしく設定した責任がある党中央委員会と政府の幹部を批判した」と伝えており、正恩に代わって部下を批判したことが分かる。

北朝鮮ではナンバー2の地位は、危険なポストでもある。何かのきっかけで更迭され、時には粛清されることもある。正恩の叔父である張成沢が、悲惨な最期を遂げたことからも分かる。強い信頼を受けたままなら、正恩に万一のことがあった場合、彼が金与正とともに北朝鮮を支えていくだろう。

金正恩が進める「委任統治」

もう一人、正恩の側近をあげよう。多くの政権幹部の中でも趙甬元と並び、特に目立つ人物だ。

核・ミサイル開発担当の李《リ》炳《ビョン》哲《チョル》党副委員長。大規模な水害が起きた二〇年には、正恩に代わって南西部、黄海南道長淵郡の農場を見て回り、「一粒の穀物も無駄なく取り入れるための対策を討議した」と報道された。

このニュースを伝える労働新聞は、マスクをした李炳哲がトウモロコシ畑の中に立ち、農民と言葉を交わす写真を一面のトップに掲載した。見出しには、なんと「指導」という単語がそのまま使われていた。細かい話になるが、北朝鮮では、「指導」は文字通り、最高指導者にしか使われない単語になっている。

もちろん「一号消息」と呼ばれる正恩に関するニュースも掲載されていた。最近、死去した抗日抵抗運動（パルチザン）出身の老幹部に花輪を送ったというものだが、一面下の方に掲載されていた。うっかり見逃してしまいそうな、地味な扱いだった。

韓国メディアも、この日の労働新聞の一面の構成を「異例」（朝鮮日報）、「一面に（正恩ではなく）党幹部が登場した」（YTNテレビ）などと驚きを持って伝えた。

韓国の北朝鮮専門家として知られる金正奉は、自分のYouTube番組の中で「一号消息が他の記事より小さく扱われた労働新聞を初めて見た。しかも、最高指導者にしか許されない『指導』という単語を部下に使っている。これは一種の事件だ」と語った。北朝鮮分析の専門家さえ驚く紙面だった。

どうして部下の動静が、正恩よりも大きく伝えられるのか。それは、正恩は自分の権力を部下に分散し、「委任統治」を進めているためだ。

これは国家情報院が二〇年八月に国会で明らかにした。それによれば、金正恩は対米国戦略や対韓国政策の一部権限を、金与正に渡している。経済など、ほかの国政の権限も一部を側近に委任している。正恩が抱える仕事上のストレスを減らし、責任をかわそうとの狙いがあるとの説明だった。

李炳哲政治局常務委員（朝鮮中央通信＝共同）

ただ、この説明にはそれこそ無数の疑問が提起された。北朝鮮のような独裁体制下で、委任統治が可能なのか、正恩の権限の範囲は、いったいどこまでなのか、権限委任は見かけだけにすぎないなどだった。

それでなくても正恩は不在期間が増え、公開活動が減り、会議を頻繁に開いている。何かもっと違う異変が起きているのではないかと考えるほうが自然だが、残念ながらはっきりしていない。

同じ二〇年八月、李炳哲は、金徳訓《キムドクフン》とともに党中央委員会政治局の常務委員に選出された。政治局常務委員会は北朝鮮の国政運営の中核で、権力の象徴とされる組織だ。

それまでは正恩と崔龍海、朴奉珠の三人体制だった。李炳哲、金徳訓の二人が加わり、五人体制となった。この五人が権力の核心であり、正恩の最側近ということになる（朴奉珠は二一年に引退し、趙甬元が加入した）。

李炳哲は北朝鮮の戦略兵器の開発で功績を立て、正恩の覚えがめでたい人物である。一九年末に党の副委員長（軍需担当）と政治局委員になった。二〇年四月には国務委員、翌五月には空席だった党中央軍事委員会の副委員長にスピード出世していた。

李炳哲は五人の政治局常務委員のうち、もっとも力があるとの指摘も出ていた。北朝鮮は核とミサイルを中心に、国防力を強化することに力を入れているからだ。

一部では李炳哲は正恩の夫人、李雪主の父親だとの見方がある。このため重用されているというのだが、事実なのかは不明だ。趙甬元の急浮上で、李炳哲の存在感は薄れているものの、独裁体制とされてきた北朝鮮の中で、趙甬元が党に、李炳哲が軍ににらみを利かせていると言っていいだろう。

金ファミリーを継ぐはずだった金平日とは何者か

正恩時代が終わったとして、それを継ぐ指導者は誰なのだろうか。第二章で見たように、金与正が最有力だ。すでに、外交を中心に権限の大半を任されており、正恩の分身として活動している。韓国の国家情報院も同じ見方だ。

しかしまだ、有力候補がいる。正恩の叔父である金平日《キムピョンイル》（平一と表記されることもある）だ。彼も、金ファミリーの中核の血筋であり、けっして無視できない存在だ。

英国駐在の北朝鮮公使を務め、現在は韓国の野党の国会議員になった太永浩は「正恩の後継者として与正が議論されているが、金平日の存在を忘れてはならない」（KBSラジオ「最強時事」二〇二〇年四月二三日）と語ったことがある。太永浩は海外での生活が長かったが、北朝鮮における権力構造を知り抜いている人物でもある。

この番組で金正恩が重体に陥り、死去した場合どうなるかと聞かれた太は、「直ちに北朝鮮内部の混乱にはつながらないだろう」との見通しを示した。その理由は「北朝鮮の人たちは盲目的に上部指示に従う習慣がついている。与正による新しい指導体制になったのなら、北朝鮮の市民は、そのまま従う」からだという。

ただし私は、与正体制は不安定となり、長く続かない可能性もあると見ている。それは、現在北朝鮮を支えている幹部たちが男性ばかりで六〇、七〇代と高齢だからだ。海外での生活経験もある与正とは年齢差だけでなく、世代間の考え方の差も大きいはずだ。

金平日は一九五四年八月一〇日生まれで、六〇代後半となる。金正日の異母兄弟で、いわゆる「白頭血統」（金ファミリーの血統）にあたる。平日は、金日成の二番目の妻、金聖愛《キムソンエ》の息子として生まれた。

金正日との権力争いに敗れ、「横枝」（反主流派という意味）となったことに伴って、一九八八年からハンガリー大使となったが、ハンガリーが韓国と国交を結んだため、北朝鮮大使館は廃止された。

その後は、追い立てられるように、ポーランドやチェコといった東欧の国の海外公館を転々として勤務を続けた。肩書きこそ「大使」だが、実際は部下たちから監視を受けていたという。二〇一九年一一月には、正式に平壌に召還された。この間、大使会議出席のため短期間平壌に戻ることはあったものの、この召還によってやっと海外放浪が終わったことになる。実に約三〇年におよぶ長い旅だった。

帰国後、何らかの役職に就くのではないかとの観測もあったが、全く消息がない。国営メディアにも出てこない。正恩は、金ファミリーの一員である平日を国内にとどめ置くことで、彼の口や行動を封じることを狙ったようにも思える。

平日の経歴を見れば、正恩が「口封じ」を図る理由も分かる。北朝鮮の最高学府である金日成総合大学の経済学部を首席で卒業した。要人警護や物資供給を担う「護衛総局」傘下の機械化大隊に配属された際は、上佐（軍で大佐に次ぐ地位）の地位だった。二年間の服務を終え、エリート軍人コースの金日成軍事総合大学に進んだ。

一方、正恩は三年間、身分を隠して下級兵として服務したとの説がある（朝鮮日報、二〇一四年八月七日）。軍人としてのキャリアは、はるかに平日が上だ。

駐ポーランド大使のころの金平日（共同）

平日は身長一八〇センチと長身だ。ふっくらした顔つきで、今も金日成の面影を色濃く伝える。息子と娘がいることが分かっている。年齢的には現在の北朝鮮を支える指導層と近く、エリート層の中に親しい友人が多い。

韓国に亡命した故・黄長《ファンジャン》燁《ヨプ》・元労働党書記は生前、金日成が自分の後継者に関連して、こう発言したことがあると言った。それは「朝鮮労働党は金正日に、朝鮮人民軍は金平日に、内閣は、四男である金英日《キムヨンイル》に譲る」という内容だった。後継者の一人として、平日を指名していたというのだ。

音楽好きの兄・正哲は後継失格なのか

正恩には、妹の与正だけでなく、兄の正哲がいる。やはりスイスに留学経験があり、一時は金正日の後継者の一人として期待されていた。かつて、正哲を神格化しようという動きもあったことはよく知られている。

ただ、政治に関心がなく、立ち居ふるまいが弱々しい、音楽にしか興味がないなどと伝えられ、後継レースからは早々と外された。

正哲は二〇一五年にエリック・クラプトンの公演を見にロンドンを訪問し、その様子がテレビカメラに捉えられ、報道されている。

韓国の国家情報院は一六年、正哲が権力から徹底的に排除され、監視を受けながら生活していると国会に報告している。弟の正恩に対して、「未熟な自分を包容してくださる大きな愛に報いたい」と卑屈なまでの調子の手紙を書くなど、弟に恭順する姿勢も見せているという。

権力の蚊帳の外に置かれている正哲が、北朝鮮の中央機関で働いているとの報道が相次いでいる。警察である国家保衛省の庁舎に出勤しているという。この部署は、国民の動向監視やスパイ摘発などを担う。

同省のトップは鄭京択《チョンギョンテク》という人物だ。空軍将校などを経て、軍の意思決定機関である中央軍事委の委員と政治局委員候補に抜擢された。彼の父は、金日成時代に経済参謀として働いた鄭準択《ジュンテク》前副首相だ。正恩の歓心を買おうとして、鄭京択が正哲に仕事場を与えたのではないかというのだ。

韓国のKBSテレビが放映した金正哲（共同）

正哲の新たな仕事は、金ファミリーの秘密資金の金庫番だとの説もある。二〇一七年に殺害された金正男《キムジョンナム》がやっていた仕事を正哲が引き継いだという。また国家保衛省傘下のスパイ担当組織を管理しているとの見方もあり、情報は錯綜している。

自由アジア放送（RFA）は二〇一七年二月、別の消息を伝えた。正哲が特別な肩書きのないまま、党の宣伝を担当する部門で重要な役割を遂行しているという。音楽に才能のある正哲が、主要な芸術団の公演業務を企画、推進する任務を受け持っているという。

本人に政治的な野心がないのは確実なようだが、多方面からいろいろな噂が出ているのは無視できない。何か国に関連する仕事をしているのかもしれない。正恩に突発事態が起きた場合、同じ兄弟として、与正とともに権力を一時的に受け継ぐことは十分考えられる。

正恩がもっとも恐れる存在、金ハンソル

一部の北朝鮮専門家は、「白頭血統」の一人である金ハンソル（漢率と表記されることが多い）の存在を重視している。私自身もこの間、繰り返しハンソルの消息について聞かれたが、残念ながら有力な手がかりはない。

以前韓国のテレビ局の記者から聞いた話では、ハンソルには海外で偶然知り合った韓国人の友達がおり、時々国際電話をかけて来たという。それも今は途絶えているようだ。

ハンソルがなぜ有力後継者の一人とされるのか。それは正恩と同じく金正日の直系にあたるからだ。それだけではない、本来ならハンソルこそ、後継者に選ばれても不思議ではない血筋なのだ。

一九九五年生まれのハンソルの父は、よく知られている通り、金正日の長男である金正男だ。正男は金正日と彼の「非公式夫人」である成恵琳《ソンヘリム》の間に生まれた。正恩、与正は母

違いの兄と姉にあたる。

これだけなら、ハンソルがことさら有利というわけではない。しかし正恩にとっては母親である高容姫の出自が最大の弱点となっている。高容姫は、金正日が後継者指名を受けた後の一九七六年から金正日と同居を始めたと伝えられる。高容姫が登場した後、成恵琳は金正日と遠ざかり、病気になってロシアに住むようになった。

成恵琳は北朝鮮で女優として活動した有名人で、家族には知識人が多かった。それに比べ高容姫は、日本から帰国した在日コリアン出身の舞踊家に過ぎない。

金正日総書記の孫、金正男氏の長男である金ハンソル。2013年8月（共同）

高容姫の存在は、噂を通じて北朝鮮市民に広く知られてはいる。しかし今も、公式報道には出てこない。正恩の権力掌握とともに、一時偶像化作業が行われたこともあったが、中途半端で終わっている。

その理由は、日本からの帰国者が、長く「動揺階層」などとして警戒対象になっていたからだ。それだけに公式に高容姫の存在を明らかにすることはできない。金正日の父、金日成も高容姫を正式には認めていなかった。さらに、実の妹の高容淑が、夫とともに米国に亡命しており、これも高容姫の経歴の「傷」となっている。

二〇一三年一二月、正恩の叔父にあたる党中央委員会の張成沢行政部長が突然粛清された。資源を海外に売ったり、行政部に党の権力を集中させたことなどが理由だったが、張は金正男の後ろ盾だったので、金正男の立場は難しくなった。

その後、正男は二〇一七年二月一三日、マレーシアのクアラルンプール国際空港でテロに遭って亡くなった。東南アジアの女性二人から化学物質を顔に塗られたことが原因だった。いまだに謎が多いものの、正男が米国の情報機関と接触していたことが原因だったと指摘されている。身の危険を感じた正男が、米国亡命を考えていたため、先回りして口封じをしたともいわれている。

ちなみに事件を起こした女性二人は、北朝鮮工作員によって、「びっくりカメラ」のような番組の撮影だと騙されていた。

ハンソルを匿った「自由朝鮮」の正体

ハンソルは父の殺害後一ヵ月近く過ぎた二〇一七年三月七日、YouTube の映像を通して、自身の顔を公開した。事件後初めてのことだった。自分を「金ファミリーの金ハンソル」と紹介した。

　この発言について、北朝鮮専門家たちは「自分こそ白頭血統の一員であることを強調したかったのだろう」と分析した。むしろ、正恩の方が「横枝」だ、という皮肉を込めていたというのだ。このYouTube映像には「千里馬民間防衛」という、見慣れぬ団体のクレジットも入っていた。

　千里馬民間防衛は、二〇一九年二月下旬に起きたスペインの北朝鮮大使館襲撃事件に関与した。同じ年の三月一日、「自由朝鮮」と名前を変え、マレーシアの北朝鮮大使館の塀に落書きをしたことも明らかになっている。自由朝鮮のホームページには、スペインの北朝鮮大使館を襲撃した際に撮影したとみられる生々しい映像もアップされた。

　彼らが、北朝鮮大使館を襲ったのには理由がある。欧州での北朝鮮の拠点は長く英国だった。しかし、この大使館で公使として勤務していた太永浩の韓国亡命によって、活動の拠点がスペインに移されたという。

　自由朝鮮は、その動きを知ってスペイン大使館を狙ったと思われる。大使館を襲ったのは約一〇人で、荷物の配達を装って大使館のベルを押し、油断した大使館員が玄関のドアを開けると、待機していたメンバーが一気に館内になだれ込んだ。

館内に入ったメンバーは、金親子の写真を床にたたきつけたうえで、コンピュータのハードディスクや携帯電話を奪って逃走した。これらに入っていたデータの中には、北朝鮮による制裁逃れや、欧州からの高級品密輸に関連する連絡先や文書が含まれていた。

自由朝鮮はホームページで、自分たちを「北朝鮮を脱出し、世界各国にいる同胞が結集した脱北民の組織」としたうえで、「われわれは行動により、北朝鮮内の革命同志とともに金正恩政権を根元から揺さぶるだろう」と挑戦的な姿勢を示した。また、「さらに大きなことが控えている。メディアはわれわれの組織の実体や構成員に関する関心を自制してほしい」と自信満々だった。

あまりの手際の良さ、主張の明確さから、彼らは米FBIやCIAなどとも連携しているとみられた。自由朝鮮は民間団体ながら、北朝鮮の独裁体制を打倒する力になると期待が集まった。ところが、米当局が二〇一九年四月、同団体メンバーの元米海兵隊員、クリストファー・アンを逮捕(のちに保釈)したことで、活動は急速に尻すぼみとなってしまう。

報道によると米当局は、クリストファーを逮捕しただけではなく、団体の指導者で米国在住のエイドリアン・ホン・チャンの自宅も捜索した。スペイン当局はエイドリアンが事件の主犯格であるとして、米当局に拘束を要請しており、米当局も無視できなかった。

エイドリアンはメキシコ国籍で、主に米国で活動していた。北朝鮮の人権活動家の間では有名で、二〇一六年にはカナダの上院で証言に立ち、北朝鮮の金体制を批判している。

北朝鮮の外務省報道官も大使館襲撃事件後の三月末、「今回のテロ事件に米連邦捜査局と反共和国団体の端くれが関与しているとの説があり、注目している」と明らかにした。そして襲撃事件を「重大なテロ行為」「国家の主権に対する厳重な侵害であり、乱暴な国際法の蹂躙だ」と糾弾した。

クリストファーはその後、米国で裁判にかけられた。裁判の中で彼は、北朝鮮大使館襲撃について、亡命を希望していた同大使館に勤務する外交官を拉致に見せかけて外に連れ出すための「偽装工作」だったと証言した。真相は裁判の展開とともに明らかになるだろう。

体制打倒のシンボルとなったハンソル

ハンソルは一九九五年平壌で生まれた。その後はマカオで学校に通った。父の金正男によれば、香港の大学を目指したが、香港政府がこれを拒否したため、フランスの名門、パリ政治学院に入り、二〇一六年に卒業している。

この学校は、ミッテラン元大統領やシラク元大統領、マクロン大統領などフランスの政治、外交のトップを輩出している超エリート校だ。

ハンソルは身の安全のため、フランス北西部の大西洋に臨む港湾都市、ル・アーヴルにある同学院のキャンパスに通い、フランス当局からの保護を受けていた。

二〇一二年、フィンランドテレビの番組で、同国の元防衛大臣エリザベス・レーンのインタビューに応じた。レーンは女性で、インタビューも和んだ雰囲気の中で進められた。

この中でハンソルは、「祖父の金正日とは会ったことがない」と認めた。さらに、レーンが「あなたが生まれた時に、おじいさんはかわいい孫だと抱いてくれなかったのか」とストレートに聞いた。これに対して、ハンソルは顔色も変えずに「いつか祖父が訪ねてきてくれることを望んでいた」と語った。祖父への微妙な思いがにじむ発言だった。

この時ハンソルは、ボスニア・ヘルツェゴビナのモスタルにある国際学校「ユナイテッド・ワールド・カレッジ（UWC）」に留学中だった。ボスニアは長い内戦がようやく終わったばかりだったが、ハンソルが「世界の現実を見たい」とわざわざボスニア行きを望んだ。また「叔父がどのように独裁者（dictator）になったのか分からない」と淡々と話した。叔父とは、現在北朝鮮を統治している金正恩のことだ。

パリで大学に通った後、ロンドンの大学への進学も検討していたが、身辺の安全を考えてマカオに帰国、働いていた。

祖父・金正日との釣りを回想するハンソル

エイドリアンは二〇二〇年になって、米国の雑誌「ザ・ニューヨーカー」のインタビューに応じた。実際の救出にあたったエイドリアンの友人も、韓国紙・国民日報（二一年四月二七日）のインタビューに応じている。ハンソルの救出当時のスリリングな状況と、在スペイン北朝鮮大使館襲撃事件について、初めて明らかにした。その内容を紹介しよう。

ハンソルは二〇一七年二月一三日に父・正男がマレーシアで殺害された後、エイドリアンに電話してきたという。ハンソルは父親の死後、いつも彼の家を守っていたマカオの警察官が姿を消したことに気づいた。また、ちょうど知人から「北朝鮮があなたたちの命を狙っている」との電話も受けた。身の危険を感じ、エイドリアンに、「母親と妹と一緒に、できるだけ早くマカオから出たい」と頼んだ。

ハンソルとエイドリアンの二人はすでに二〇一三年ごろ、パリで会っており、知り合いだった。その時ハンソルは、グッチの靴を履いて現れた。ハンソルは、エイドリアンが北朝鮮に対してどんな活動をしているか知っていると語った。

「あんなにお金のある子ども（ハンソル）に会ったことは一度もない。金正男は生涯、たくさんの現金を隠していたのだろう」とエイドリアンは振り返った。ハンソルらは、知人の協力でマカオから台湾に脱出していた。

エイドリアンは協力者のクリストファー（クリス）・アンに頼み、「今夜、台湾の空港で彼らに会いに行って、誰も彼らを追跡していないことを確認してほしい」と頼んだ。クリスはバックパックに服を入れて、すぐさま台湾に向かった。

クリスが休暇先のフィリピンから台北に到着したのは真夜中過ぎだった。搭乗ゲートのそばに小さなヌードルスタンドを見つけた。そこでハンソルと彼の家族は周囲をうかがいながら座っていた。

家族はその朝早く、台湾に到着していた。顔を隠すため衛生マスクをつけていた。ハンソルは、身長約五フィート一〇インチ（約一七八センチ）で、長袖のシャツとコートを着て、スーツケースを持っていた。彼の母親は中年だった。ジーンズをはいていたハンソルの妹金ソルヒは、一〇代後半のように見えた。

エイドリアンは家族に、「クリスは黒いTシャツにドジャースの帽子をかぶっている。名前を呼べば答える」と教えていた。ハンソルは、伝えられた身なりに合う人物を見つけ、声をかけた。クリスはうなずき、ハンソルたちに「行こう」と促した。

クリスはハンソルと彼の妹には英語で、そして二人の母親には韓国語で話した。ハンソルの母親はこれから何が起こるかクリスに尋ねた。不安だったのだろう。ハンソルはクリスを指差して、「私はエイドリアンを信頼している」と安心させた。

クリスはまず、家族を空港ラウンジの個室に連れて行った。クリスはハンソルの母と妹を同じ部屋に入れ、iPadを渡して、映像サイトのNetflixを見せた。流暢な英語を話す妹は、典型的な米国のティーンエイジャーのようだった。クリスとハンソルは二人がいる隣の部屋で座っていた。一時間後、エイドリアンからクリスに電話が入り、「ハンソルと彼の家族を受け入れるために、ある国と交渉している」と明かされた。

クリスは、ハンソルに米国の料理の話題を投げかけた。同じバーベキューでも、各地の調理技術が、独特の風味を生み出したことを説明した。ハンソルの気を紛らわせようとしたのだった。ハンソルは「一度アメリカに行ってみたい」とも語った。

クリスはハンソルに、それとなく北朝鮮についても聞いた。話の合間に「あの国ってどんな感じなの」。そのやりとりの中でハンソルは、「祖父と釣りに行ったことがある」とポツリと語った。祖父とは金正日のことだろう。過去のフィンランドテレビとのインタビューでは「会ったことがない」と答えていたのとは矛盾するが、私はこの発言がとても重要だと受け止めた。金正日はハンソルを自分の孫として認めていたと考えられるからだ。

その夜遅く、エイドリアンはクリスに電話して、「ある国がハンソルの家族を受け入れることに同意した」と伝えた。そしてアムステルダム郊外のスキポール空港行きの飛行機のチケットを三枚購入した、と報告した。その時までに、彼らの台北空港の滞在時間は、実に一八時間にもなっていた。

クリスは家族にチケットとパスポートを渡し、搭乗ゲートに向かった。パスポートをチェックしたゲートの係員は、驚いた表情になり搭乗を拒否した。「搭乗時間に遅れた」というのが理由だった。他にも、同じ便に向かっている人がいるようだったが、係員は「彼らは違う！」と大きな声で言った。

父・正男が殺害された直後であり、世界が大騒ぎとなっていた。息子のハンソルのパスポートに対して、何らかの警戒連絡が来た可能性もあった。クリスと家族は空港のラウンジに入って待機した。すると数時間後、ＣＩＡを名乗る二人の男性が現れた。

ウェスという名前の韓国系米国人と白人男性だった。彼らはハンソルと話したいと申し入れてきた。クリスはハンソルに、「何が起こっているのか理解するまで、誰とも話すべきではない」と強い調子で警告した。

世界を驚かせたビデオメッセージは台北空港で撮影

翌朝、空港の関係者が訪ねてきた。彼らはとても友好的であり、クリスがアムステルダム行きのチケットを予約するのを助けてくれた。ハンソルは安心したようだった。

このオランダ行きには、実は韓国に駐在するエンブレヒツ・オランダ大使が協力してくれた。クリスとハンソルは空港で一緒に写真を撮った。ハンソルを誘拐したのではない、と証明するためだった。

空港で待機中にビデオも撮影した。ハンソルが自分のパスポートを見せながら語る内容だった。父親の暗殺から三週間後、YouTubeにアップロードされ、大々的に報道された動画は、この時撮影されたものだ。

ゲートでハンソルはクリスとハグを交わし、オランダ行きの飛行機に乗り込んだ。家族には、CIAを名乗るウェスが同行していた。オランダの人権弁護士の支援を受けて自由朝鮮が派遣したチームが、オランダ・アムステルダムの玄関口であるスキポール空港で待っていた。

ワシントン近郊で目撃？

ハンソルの家族の乗った航空機が、オランダに到着した。しかし、到着ゲートから一行は出てこなかった。ハンソルは、「ゲートの脇のドアから連れて行かれた」と言って、エイドリアンに電話をかけてきた。その後ハンソルとは連絡がつかなくなった。

エイドリアンが持つ複数の情報筋によると、CIAはハンソルと彼の家族を他の場所に連れて行った。その場所がオランダなのか他の国なのかははっきりしていない。エイドリアンは、「ハンソルを失ったのは大きなミスだった」と振り返った。

以上は、「ザ・ニューヨーカー」と国民日報の記事の概略だ。その後、ハンソルの行方は、杳《よう》として分からない。ただ、金正恩に不測の事態が起き、北朝鮮指導部が深刻な混乱に陥った場合、「金ファミリーを受け継ぐ人間」として、間違いなく表舞台に出てくるだろう。

二一年に入って、彼に関する新たな証言が出てきた。私が話を聞いたある脱北者は、本人に近い筋から聞いた話として、ハンソル一家はオランダからいったん、オーストラリアに渡り、隠れ家で過ごしたと語った。

また、著名な脱北者の安燦一は、自身のYouTubeチャンネルで金ハンソルが最近、米国ワシントン近郊マクリーンで目撃されたと明らかにした。ここは、米中央情報局（CIA）の本部に近く、韓国系米国人も多く住んでいる。四人の屈強な黒人に囲まれていた。本人はジーンズをはいてサングラスをかけていたという。

彼に気がついた人が携帯で写真を撮ったが、警護員と推定される人物が携帯を取り上げ、写真を削除したという。信憑性は不明だが、米国にいるとすると、米国は彼を、金ファミリーの一員として手厚く保護しているのだろう。

かろうじて粛清を逃れた崔龍海

北朝鮮では一人の指導者が「首領」として絶対的な権力を持つ。ただ、もちろんのことだが、首領を補佐する人はいる。もし正恩に何か突発の事態が起きた時、こういった人たちが政権を短期的に支えることになる。

金正恩政権になってから、こういった補佐役を崔龍海が果たしてきた。しかし、当人の健康問題が浮上してからは、だいぶその存在感は落ちてしまった。崔は一九五〇年一月、黄海北道で生まれた。パルチザンの第二世代にあたる。生まれた時から金箸とスプーンをくわえていた。つまり将来を約束されていた人物だった。

彼の父親である崔賢《チエヒョン》（一九八二年死去）は日本の植民地時代、中国の東北地方を中心に日本軍と戦った指揮官だ。勇敢だった崔賢の名声は、金日成より高かったほどだという。崔賢は、金正日を後継者として育てることに協力した。

崔龍海は、金正恩時代に入って、地位が急速に上がった。父の威光が大きかったのだろうが、激しい浮き沈みも味わっている。正恩の下で権力を持つことの難しさを物語っている。

二〇一〇年九月、金正日は朝鮮人民軍最高司令官名で、三男の正恩ら六人に「大将」の称号を与えた。この中に崔龍海が含まれており、北朝鮮専門家の関心が集まった。

彼の経歴をさかのぼってみよう。一九八六年、三六歳の若さで社会主義労働青年同盟（青年同盟、現在は社会主義愛国青年同盟）という青年組織の委員長として中央政界に進出し、一九八九年には世界青年学生祝典準備委員長に任命された。この祝典は、ソウル五輪に対抗して北朝鮮がわざわざ開催したものだ。

父の威光があったとはいえ、順調なことばかりではなかった。一九九二年、北朝鮮軍内のロシア軍事総合大学（フルンゼ軍事アカデミー）に留学した将校らが、クーデターを計画するという事件が起きた。

クーデターは、一九九二年四月二五日に実行する計画だった。この日は朝鮮人民軍創設六〇周年記念行事が予定されていた。彼らはパレードに参加する戦車から金日成・金正日父子が立っている方向に砲弾を発射する手はずだったが、事前に情報が流出し、未遂で終わった。この首謀者の中に、崔龍海の姉の夫が含まれており、金正日から厳しく叱責されたという。普通ならここでゲームオーバー、本人も粛清されていただろうが、父・崔賢の功労のおかげで難を免れた。

また崔龍海が率いていた青年同盟で発生した不祥事により、二ヵ月間、自宅軟禁となったこともあった。

崔龍海は死刑こそ逃れたものの、すべての職位を奪われた。平壌から遠く離れた慈江道で再教育を受けたが、六年後に何とか平壌に復帰した。

二〇一〇年の大将の称号に続き、党の最高意思決定機関である政治局の常務委員と党中央委員会の副委員長になった。大出世だった。

二〇一八年には党全員会議で労働党の核心部署である「組織指導部長」に任命され、さらに権力を固めた。組織指導部は労働党内の幹部らに対する検閲などを行う重要部署だ。北朝鮮を動かしていると表現する人もいるほど、にらみを利かせている。

金日成は弟の金英柱《キムヨンジュ》と、息子の金正日など直系の親族だけを組織指導部長のポストに就かせてきた。金ファミリーの「白頭血統」でない人物である崔龍海がこのポジションに就いたことには、特別な意味があった。

その後、崔は総政治局長に取り立てられたにもかかわらず職を解かれ、「革命化」（再教育）を受けた。一部では、韓国ドラマを見ていたのが原因とも伝えられるが、その後再び復活している。二〇一九年四月に開かれた北朝鮮最高人民会議で、金永南《キムヨンナム》に代わって最高人民会議の常任委員会委員長に選出され、これで党内序列二位の地位を固めた。

崔龍海の権力拡大を恐れた正恩

韓国の国会立法調査所（日本では衆院調査局などに該当）は二〇年三月、「崔龍海の政治的地位変化の含意と展望」という報告書を発表した。この報告書が、崔に関して興味深い指摘をしている。

崔は、過去に核やミサイル実験を強行してきた幹部を順次粛清して、二〇一八年に韓国で開かれた平昌冬季五輪への北朝鮮チームの派遣を主導したというのだ。挑発路線より、韓国との協調路線を選んだということを意味する。

一方、正恩は崔の権力を警戒し始めた。崔を抑えるため、実の妹である与正に権力を渡したという。報告書の記述を読むと、正恩と崔との間には目に見えない緊張があると感じさせられる。

最高人民会議常任委員長のポストは外から見ると、ナンバー2の地位を得たように見えるが、常任委員長は一種の名誉職だ。権力のラインから外されたとみてもいいだろう。

この役職に就いた理由の一つは、健康問題だった。崔は慢性的な糖尿病を抱えており、過去何回も入院した経験があるという。仕事のストレスが、病状をいっそう悪化させた。さらに脊椎疾患も患っており、片方の足を引きずりながら、正恩に随行する姿が北朝鮮のメディアでも報道されている。

　父親の時代からの関係で、金ファミリーへの忠誠心は強いだろうが、急速な出世をした趙甬元らとの関係は微妙だ。内部的な摩擦を起こすか、経済難の責任を取らされ、引退に追い込まれる可能性もある。

北朝鮮でもっとも危険な男、金英哲

「どんなことでもできるか」

　コップに、高級ウイスキーを注いだ男は、目の前にいる二人の男にそう話しかけた。

　そして語気を強めた。

「裏切り者である黄長燁の首を取ってこい」

　二〇〇九年一一月のことだ。二人の精鋭の工作員が、こんな指令を受けて韓国に送り出された。名前はキム・ミョンホと、ドン・ミョンガン。いずれも北朝鮮の工作機関・偵察総局所属で、キャリア二〇年のベテランだった。

　韓国社会に馴染めるよう教育を受けたほか、要人を暗殺するための特殊な訓練も受けていた。黄を殺害するためひそかに韓国入りするが、身分がばれて拘束されてしまう。二人は韓国で開かれた裁判の過程で、殺害指令を受けていたことを証言した。

指令を出したのは、北朝鮮の軍人を代表する男、金英哲だった。自信満々の表情、不敵な笑い。いかにも経験を積んだ軍人の顔つきをしている男だ。彼の言葉と行動を詳細に観察すれば、北朝鮮対外政策の大きい流れが分かるという専門家もいるほどだ。

二〇一八年四月二七日の南北首脳会談と、同六月一二日に行われた米朝首脳会談で正恩を補佐した。北朝鮮の最高実力者の一人と言っていい。

「統一省人物情報」によれば、一九四六年生まれで、長く南北会談に関与した。金日成から金正日、金正恩の金ファミリー三代にわたって、忠誠心を発揮してきた。

金英哲は万景台革命学院から、金日成軍事総合大学を卒業するという北朝鮮の典型的なエリートコースを歩んだ。万景台革命学院は、金日成が抗日パルチザンで活動した同僚らの子どもの教育のために作った学校だ。学生たちは全員寄宿舎に入って、士官学校に準ずる厳格な統制生活を送る。金日成軍事総合大学は、高級軍官養成のための軍事専門学校だ。

金英哲の履歴は、過去に北朝鮮が韓国に対して行ってきた軍事挑発と直結している。二〇〇九年から一六年までは偵察総局のトップを歴任した。偵察総局は人民武力省傘下の対外諜報・特殊工作機関だ。韓国や他の国に対するスパイ浸透、情報収集、世論工作、各種破壊工作、密輸による外貨獲得など、あらゆるダーティー・ビジネスを担当する。

この間、北朝鮮では第二次核実験をはじめとして、韓国の艦船・天安艦沈没、韓国北部の延坪島砲撃、DMZ（非武装地帯）での木箱地雷爆破事件などが相次いだ。

二〇一三年三月には、国連の対北朝鮮制裁と、米韓連合訓練に反発して朝鮮戦争の時に結ばれた休戦協定の白紙化を宣言したこともある。これはいつでも戦争を起こすと宣言するような物騒な内容で、金英哲偵察総局長名で出されていた。

二〇一五年には、平壌に駐在する外国メディアの記者を呼んで、木箱地雷事件での北朝鮮の関与を全面否認した。以後一六年五月の第七回党大会を通して、党中央委員会副委員長兼統一戦線部長に任命され、南北関係や対米関係を担当することになった。

それからは、外交の表舞台に登場してきた。まずは二〇一八年に開かれた韓国の平昌冬季五輪の閉会式に北朝鮮の高位級代表団の団長としてソウルを訪問した。開会式には正恩の妹の与正がソウルを訪れていた。

二〇一八年六月には米朝首脳会談の準備のため、ワシントンを訪問した。北朝鮮の要人としては一八年ぶりのことだった。

この時、トランプ米大統領は、米朝首脳会談をいったん延期した。しかし金英哲を経由して受け

金英哲朝鮮労働党中央委員会政治局員（共同）

取った正恩からの親書を読んで気を変え、シンガポールで会談を開くことに同意した。この訪米は金英哲の最大の手柄となった。

金英哲の訪米で、米朝関係は一定の進展を見せた。両国の思惑は隔たっていたが、一応共同声明を出すところまでこぎ着けたからだ。期待は翌年二月に行われたハノイでの米朝首脳会談に持ち越されたが、事前の調整がうまくいかず決裂してしまう。

この時の失敗の責任を取らされ、金英哲は表舞台から姿を消した。ところが南北関係が緊張すると、また金英哲が交渉の前面に出てきた。どうやら正恩が強硬姿勢を取るタイミングと考えると、金英哲が引っ張り出されるようだ。

南北関係の緊張とは、韓国から飛ばされたビラだった。朝鮮中央通信は二〇年六月九日、ビラに反発して韓国大統領府とのホットラインを含め、軍事境界線など南北間すべての通信連絡船を全面遮断すると明らかにした。この強硬な対応策は対南事業担当の金英哲と与正の指示に従ったものと伝えた。与正の名前もあるが、実際には金英哲が南北関係を陣頭指揮しているとみていいだろう。

思いがけない行動に出る可能性も

この後北朝鮮は、開城にある南北共同連絡事務所を爆破した。さらに非武装地帯（DM

Z）にある監視警戒所（GP）へ軍部隊を再配置する。また西海上での軍事訓練再開、韓国向けのビラ散布など次々と強硬な対抗策を展開した。

ところが正恩は六月二三日、金英哲らが主導してきた軍事行動計画を突然保留すると発表した。行き過ぎを諫《いさ》めたとの見方が広がった。このように、正恩とは必ずしも呼吸が合っていない。金英哲は韓国や米国との関係では、あくまで軍事挑発を繰り返して揺さぶっていきたいと考えているはずだ。そして二一年一月の党大会で金英哲は、統一戦線部長に降格された。

軍にも一定の影響力を持つ金英哲には、いつも不穏な噂がつきまとう。正軍内部の強硬派を代表する人物だけに、いつか正恩に対して反乱を起こすのではないかというのだ。事実、韓国に在住する脱北者の間にはそういう見方が根強い。新型コロナウイルスの拡大によって国境が閉鎖され、国がじり貧に陥っていく中、強硬路線を求める金英哲が思いがけない行動に出るかもしれない。

秘密めいた外交官「マダム・チェ」

北朝鮮の外務省では、トップである李善権《リソンゴン》外相よりはるかに存在感のある人物がいる。崔善姫《チエソンヒ》第一外務次官だ。長い間、米朝協議の最前線で通訳として活動してきた。秘密めいた笑顔を絶やさないことから、外交関係者は「マダム・チェ」と呼んでいる。

北朝鮮が参加した国際会議の場で、私も何度も彼女を見かけた。メディアが押しかけるような混乱した場面でも、表情を変えず冷静に通訳を続ける姿が印象的だった。

外交官養成機関の平壌外国語学院（六年制の高等中学校）出身だ。李洙墉《リスヨン》元外相や李容浩《リヨンホ》前外相、金桂冠《キムゲグアン》外務省顧問といった日本でも顔が知られた外務官僚も、この学校のOBだ。

一九六四年生まれの崔善姫は、対米外交の中心的役割を果たしている。首相を務めた崔《チェ》永林《ヨンリム》の娘で南北・米朝首脳会談などで堪能な外国語と、緻密な交渉を主導した。米国も一目置いている人物だ。

韓国統一省によればオーストリア、マルタ、中国などに留学した後、一九八〇年代半ばに北朝鮮外務省に入った。二〇一〇年一〇月に米国局の副局長となった。

二〇一八年三月には外務次官に、さらに第一外務次官に昇格した。一九年三月には最高人民会議第一四期代議員となるなど、政治の場面でも彼女の影響力は拡大した。

シンガポールでの米朝首脳会談を目前にしていた二〇一八年五月。ペンス副大統領が米国メディアとのインタビューで、北朝鮮非核化をめぐり、先に核放棄を実現すれば、後に経済支援を実行するという「リビアモデル」に言及した。

これに対して、崔善姫は談話文を出し、猛烈に批判した。

「米国政策に関与している者として、あのような無知で愚かな発言が米副大統領の口から噴出したことに、驚きを抑えられない」

北朝鮮はリビアと比較されるのを嫌がる。それは、米国に完全な非核化を宣言したリビア指導者カダフィは、まもなく反政府軍に命を奪われたためだ。北朝鮮は、万一自分たちがリビアモデルを受け入れたら、最高指導者がカダフィの二の舞になると極度に警戒している。

崔善姫の発言に対抗して、トランプ大統領はTwitterを通して、直ちに米朝首脳会談を取り消すと明らかにし、会談の見通しが立たなくなった。

崔善姫第1外務次官（共同）

韓国政府や北朝鮮の働きかけもあって、六月になって史上初めて米朝首脳会談が実現したが、原則的な合意で終わった。二〇一九年二月、ハノイで開かれた第二回米朝首脳会談も、何の結果も残せず終わった。しかし崔善姫は責任を問われなかったようだ。その後もカウンターパートである、米国のビーガン北朝鮮政策特別代表と、非核化実務交渉を継続した。

対米交渉の先導役である崔が、三ヵ月間にわたる革命化教育（強制労役）を受け復権したと、北朝鮮専門メディアのデイリーNKが報じた。崔は二〇年七月に米国を非難する談話を発表した後、公式な席から姿を消していた。対米交渉の最前線に立ってきた崔は二一年一月の八回党大会では中央委委員から候補委員に降格させられている。

彼女に何が起きたのか分からないものの、その役割には大きな変化はなかったようだ。二〇二一年三月には、「敵視政策が撤回されない限り、（米国からの対話呼びかけを）無視し続ける」との談話を出し、健在であることが確認された。談話によると、バイデン政権はメールや電話を通じ、第三国での接触を要請したが、崔は「時間稼ぎと世論誘導のためだ。（トランプ政権時代の）シンガポールやハノイ（での首脳会談）のような機会を二度と与えない」と反発した。

崔は、正恩の実妹である与正と関係が深いという。彼女がまた、米国との交渉で中心となるのだろう。

四代目の世襲は実現するか

金正恩が考えている自分の後継者は、もちろん自分の子どもだろう。韓国の情報機関・国家情報院によれば、金夫婦には一男二女の子どもがいることが確認されている。

北朝鮮のファースト・レディー、李雪主は公の場に夫とともに姿を見せ、外交行事にも積極的に参加した。

ところがその彼女が、約一年間北朝鮮の重要行事に姿を見せず、さまざまな憶測を呼んだ。二〇二〇年一月二五日に平壌で行われた旧正月の記念公演では、夫の正恩とともに会場で観覧し、拍手する姿が報じられた。

それから一切消息が伝えられず、二一年の新年に行われた朝鮮労働党大会や最高人民会議（国会に相当）、恒例の各種記念公演にも姿がなかった。二月一六日に行われた故金正日総書記の生誕記念日（光明星節）の音楽公演を鑑賞したことが、北朝鮮で報道され、ようやく健在が確認された。夫の正恩もたびたび行方不明になるが、妻も仲良く行方不明になったわけだ。

この間、妊娠・出産説、コロナ感染回避説、さらには夫との不仲説まで飛び交った。脱北者としてテレビにしばしば登場する安燦一は、自分のYouTubeチャンネルで、李雪主が四人目の子どもを産んだという情報があると伝えた。男の子だという。

金一家の専門病院である平壌の烽火診療所で、二一年一月上旬に警備が厳しくなり、その後、李雪主が出産したことが確認されたという。

正恩の子どものうち、二番目の女の子が「ジュエ」という名前であることは分かっている。訪朝した米プロ・バスケットボール協会（NBA）の元スター選手デニス・ロッドマンが、金夫婦から直接名前を聞いたと証言しているからだ。

一方、やはり著名な脱北者で、韓国の有力紙・朝鮮日報記者だった姜哲煥《カンチョルファン》は二〇二〇年一〇月、自分のYouTubeチャンネルで、李雪主の消息不明に関連して新たな情報を語っている。

二〇〇九年ごろ北朝鮮で当局から、「キム・リョンジュ」という名前を使ってはならないという指示が出ていたことが分かったという。北朝鮮では指導者に関連する名前について使用を禁止したり、改名を求めることがある。

これが事実なら最初の子どもの名前はキム・リョンジュで、名前からして男の子である可能性が高い。

〇九年かそれ以降の生まれだとすると、すでに一〇歳前後だ。このため姜は、「四代世襲が現実味を帯び始めた」と述べた。正恩を継ぐのは誰になるのか。まだ結論は見えていない。

第六章 世界各国といかに関係を築くか

北朝鮮が開城の南北共同連絡事務所を爆破。2020年6月（朝鮮中央通信＝共同）

北朝鮮政策の全面見直しを終えたバイデン政権

金正恩は、コロナ対策などの課題を抱えながら、今後、世界各国とどう交渉していくのだろうか。まずは米国をみてみよう。

トランプは、関係国との協議はあまりなく、米国の利益を最優先させる孤立主義外交を展開した。特に北朝鮮問題では実務交渉を飛び越して自らが前面に立ち、トップダウンで交渉を進めた。人権問題には全く関心を持たなかった。

一方、新大統領のバイデンはトランプと逆の方向に向かっている。日本や韓国といった同盟国との結束、実務交渉、人権問題を重視する。二〇二〇年の民主党大統領候補の受諾演説でもバイデンは、「同盟国と友好国を大切にする大統領になる」と約束している。

二〇二一年二月に行った外交演説でも、「米国の同盟関係は私たちのもっとも素晴らしい財産だ。外交を主導するということは、同盟国や友好国といま一度、ともに協力することだ」と表明している。

バイデンはかつて金正恩を「虐殺者」「thug（悪党、凶悪犯）」などと非難したことがある。北朝鮮で起きた数々の粛清や、強制収容所の存在を念頭に置いたものだ。人権問題を重視する米国の伝統的な姿勢をアピールし、米国が世界のリーダー国であることを示す狙いもあるだろう。

トランプとは違い、自分が直接交渉に出ることは避ける。まずは実務者で接触を重ね、合意を図るオーソドックスな外交を進めている。その第一歩として、二一年に入って、ブリンケン国務長官とオースティン国防長官を日本と韓国に派遣し、綿密な打ち合わせを行った。また同年四月には、日本の菅義偉首相と首脳会談も行っている。

バイデンの外交チームは、オバマ政権時代の外交を担ってきたスタッフが多い。

対北朝鮮交渉に深く関与したウェンディ・シャーマン元国務次官は、バイデン政権の国務副長官に選ばれた。他にもソン・キム東アジア・太平洋担当国務次官補代行、ホワイトハウスのジェイク・サリバン国家安保担当補佐官とカート・キャンベル・インド太平洋調整官など、中国や北朝鮮問題に精通したベテランが揃っている。

国務長官になったアントニー・ブリンケンは約二〇年間バイデンとともに働き、「バイデンの分身」とも呼ばれる存在だ。北朝鮮問題でも積極的に発言してきた。シンガポールでの米朝会談前に、米紙ニューヨーク・タイムズに寄稿し、「正恩が核の王朝の鍵を引き渡すというのは夢物語」だとし、オバマ前大統領が実現した「イラン核合意」を北朝鮮との核交渉のモデルにするようトランプに求めた。

ブリンケンは、国務長官に指名された後、上院外交委員会の公聴会に出席し、「北朝鮮に対して取ってきたアプローチと政策を再検討すべきだ」と表明した。そして韓国、日本、その他の国々と検討すると語っており、北朝鮮政策の全面的な見直しを行った。

米国の北朝鮮専門家の多くは、正恩に核放棄を迫っても実質的な進展は得られないとみている。このため、米本土を射程に入れる大陸間弾道ミサイル（ICBM）の性能向上阻止や、核分裂物質の生産中止など現在の能力をこれ以上高めないことを優先し、「軍縮管理」を基調とするとみられる。米国は、この方針をもとに実務レベルの交渉を求めるだろうが、北朝鮮は簡単には応じない可能性が高そうだ。

ICBMを取引の道具に

バイデンの交渉姿勢が徐々に輪郭を現す中で北朝鮮は、沈黙を続けた。「関心を引くため、挑発行動に出る」との見方も強かったが、二〇年一一月の大統領選前後も、過激な行動を控えていた。とりあえずバイデンの出方を探っていた。

北朝鮮は、外国にある北朝鮮の公館に「米国を刺激する言動や対応を取るな。問題が生じた場合は大使らの責任を問う」と指示したという。正恩はバイデンに期待しているのか、不安なのかははっきりしないが、少なくとも、全面対立は避けたいと思っているのは間違いないだろう。

挑発を控えている理由について、著名な脱北者である太永浩・元英国公使が、ある講演会でこう語っていたのが印象に残っている。

北朝鮮の外交関係者の間で、バイデンの存在はよく知られていた。バイデンは、カーター大統領時代にソ連と核軍縮交渉をするよう勧め、実現させたことがある。過去の核軍縮交渉に関与している実績から、北朝鮮は「核問題に通じており、交渉できる相手」と見ているという。

「北朝鮮は、米国に届くＩＣＢＭ（大陸間弾道ミサイル）を取引の道具に使う」と太永浩は予測する。ただし、「必要なことが三つある」と付け加えた。

その三つとは、正恩が核をなくすことを約束する。「核保有国」に関する北朝鮮憲法の記述を削除する。北朝鮮の核軍縮について徹底した検証を受け入れる――だ。北朝鮮はさまざまな抜け道を見つけて核保有と開発を進めてきた。安易な交渉は禁物だ。

正恩の本音を親書から読み解く

今後の焦点は、シンガポールで米朝が発表した共同声明を、バイデン政権が認め、そこを出発点にするかだ。声明は四項目からなる。

（一）米国と北朝鮮は、両国民が平和と繁栄を切望していることに応じ、新たな米朝関係を確立すると約束する。
（二）米国と北朝鮮は、朝鮮半島において持続的で安定した平和体制を築くため、ともに努力する。
（三）二〇一八年四月二七日の（南北間で合意した）「板門店宣言」を再確認し、北朝鮮は朝鮮半島における完全非核化に向けて努力すると約束する。
（四）米国と北朝鮮は（朝鮮戦争の米国人）捕虜や行方不明兵士の遺体の収容を約束する。

韓国はバイデン政権に、シンガポール宣言を米朝交渉の出発点にしてほしいと求めてきた。二〇年五月にワシントンで開かれた米韓首脳会談で、この四項目をバイデン政権も尊重すると表明した。

バイデン陣営は、米朝間での正式な合意だけでなく、金正恩がトランプ大統領に出していた親書にも関心を示している。全文をトランプ政権から入手している。

正恩は、トランプだけでなく、文在寅大統領や習近平国家主席にも、たびたび書簡を出す「親書好き」だ。

トランプ政権から業務を引き継いだバイデン陣営の外交担当者は、「親書は金正恩の心理をより深く把握するのに役立ち、どうやってトランプの心をつかんだか分かる」とCNNなどの米メディアに語っている。確かに表舞台で結ばれた総花的な共同声明よりも、親書を詳細に分析する方が、よほど役立つに違いない。

米国のベテラン記者ウッドワードが、トランプに繰り返しインタビューして出版した『Rage（怒り）』によると、二人の間の親書は計二七通だった。

最初の親書は二〇一八年、ポンペオＣＩＡ長官が空路で北朝鮮へ行った時に正恩に渡された。三パラグラフの短いものだが親書の冒頭に「親愛なる金委員長」とトランプは書いていた。「親愛なる」という親しみの表現を使っていたことが、一定の効果をあげた。この手紙への返事で金正恩は「親愛なる閣下」と応え、最大限にへりくだった。トランプの意外な丁寧な言葉づかいに心を揺さぶられたのかもしれない。

一八年六月のシンガポールでの米朝首脳会談後、二人の親書のやりとりは、回数と親密さを増した。

米韓軍事演習が最大の不満

トランプは親書の中で、シンガポール会談の合意を踏まえ、朝鮮戦争で死亡し、朝鮮半島に残されたままの米軍兵士の遺骨の返還と、ミサイル施設に対する専門家による視察をい。

求めた。正恩は、返信でシンガポール会談を実現させたトランプの指導力を称賛したが、何も具体的な約束はしなかった。専門家の北朝鮮訪問には抵抗感があるようだった。コロナ問題が起きているだけに、感染防止の点からも、外国人を自国に入れたくないに違いない。

一八年七月三〇日の親書で正恩は、「期待された戦争終結宣言が行われていないことがいささか悔やまれます」と伝え、朝鮮戦争の終戦宣言を願っていることを明らかにした。終戦宣言を出すことは、一八年四月の南北首脳会談で文在寅大統領とも合意している。朝鮮戦争の終戦を正式に宣言する「終戦宣言」のことで、今後の交渉進展のポイントの一つだ。しかし、北朝鮮の核・ミサイル問題を切り離して宣言を出すのは現実的には難しい。

九月六日の正恩の親書について著者のウッドワードは、「もっとも具体的な内容だった」と評価している。この中で正恩は、人工衛星（ミサイルのこと）発射施設の完全な運用停止、寧辺の核物質製造施設の恒久的な閉鎖の二つには応じられると通知した。

過去の書簡は具体性のない美辞麗句ばかりだったことから見れば、正恩はこの二つを「カード」として使うつもりだったのだろう。寧辺は老朽化が目立つとはいえ、北朝鮮の核能力の約七割を占めるといわれる大きな施設だ。その意味で正恩は、それなりの決断をして臨んだとも言える。

トランプへの八月五日の親書に、正恩は自分の気持ちをはっきりと書き込んであった。「戦争準備演習の攻撃目標が、私たちの軍であることは明らかです」として、米韓合同軍事演習が、完全に中止されていないことについて、「きわめて不快」と述べていたのだ。『Rage（怒り）』に出てくる正恩の親書は全文ではないが、私なりに整理してみよう。北朝鮮としての優先順位は、（一）米韓軍事演習の中断、（二）朝鮮戦争の終戦宣言を出すことだ。

会談後の報道によれば、米国が主要な核兵器研究施設五ヵ所の解体を求めたが、北朝鮮は一、二ヵ所の解体にしか応じなかった（米フォックス・ニュース、一九年五月一九日）。

バイデンは一九年一一月にアイオワ州で行った演説で、トランプと正恩が何回も親書のやりとりをしたことについて、「この大統領（トランプ）は、虐殺者とラブレターの話をしている」と批判した。

「虐殺者」とは激しい。バイデンはすぐに正恩と首脳会談を行うつもりはないと表明している。しかしどこかの時点で正恩に親書を送る可能性もある。「親書外交」は一見、まどろっこしい。しかし、首脳会談を行うより、リスクは少ない。

北朝鮮としても米国を振り向かせようとして限度を超えれば、米国の軍事行動を招き、米朝交渉の場を失いかねない。制裁も強化される危険性がある。北朝鮮は、コロナ、水害被害による食料不足、国際制裁の三重苦の中にある。ただ待っているだけでは、事態を動かせない。正恩は、微妙な間合いを計りながら米国に接近するだろう。

韓国のジレンマは正恩には通じない

南北の融和を公約して大統領に当選した韓国の文在寅大統領は、二〇一八年の南北首脳会談で正恩と「板門店宣言」に署名した。朝鮮半島の完全な非核化や一八年内の朝鮮戦争の終戦宣言、南北の鉄道連結などが盛り込まれた。南北首脳会談としては一〇年半ぶりだった。会談は終始、友好ムードに包まれた。

その年の九月には、文在寅は平壌を訪問し、平壌にある北朝鮮最大規模の総合スポーツ競技場「メーデースタジアム」でマスゲームを鑑賞した。その後、文大統領は集まった一五万人の市民を前に演説し、「七〇年の敵対関係を完全に清算し、再び一つになるための、平和の大きな一歩を踏み出そう」と呼びかけた。

この日の演説のポイントは、韓国の大統領が、平壌の市民に直接語りかけたこと。同じ民族として「平和を愛し、ともに暮らそう」と共存を呼びかけたことだ。文在寅にとって最高の瞬間だったはずだ。この会談後、文大統領の支持率は六〇%前後に跳ね上がった。

正恩は何も言わずに傍らで拍手しているだけだった。独裁的権力者が、脇に控えて静かにしている姿は私にも驚きだった。しかし北朝鮮は、何事にも見返りを期待する社会だ。「ただ」はあり得ない。この最大級のもてなしに韓国側が応えなかったため、後に北朝鮮の怒りを買うことになるとは、文大統領は予想していなかったに違いない。

米朝首脳会談が決裂した影響もあって、文政権と北朝鮮間で合意した内容のほとんどは実現できないままになった。このため、正恩は韓国への不信感を募らせた。「米朝間の仲裁役」を宣伝しておきながら、何もしていないということだろう。

文大統領と韓国政府は、ますますナーバスになる北朝鮮の様子を見て、北朝鮮が喜びそうな共同事業を次々に提案した。

まず板門店で実現した南北首脳会談（二〇一八年）から二周年を迎えた二〇年四月二七日、韓国政府は将来の南北鉄道連結をにらんだ韓国側の鉄道建設を表明した。一一〇・九キロメートルの区間で、総事業費は二兆八五二〇億ウォン（日本円で約二五〇〇億円）となる大きなプロジェクトだ。二〇二一年末の着工が目標となっていたが、北朝鮮側に建設資材を持ち込み、南北を連結させようとすると国連の対北朝鮮制裁に抵触してしまう。このため文大統領は式典で、「制約があってもできることを探し、絶えず実践していく」と控えめに意欲を示した。北朝鮮へのアピールの意味だろう。

韓国側はかなり焦っていたようだ。文大統領の側近である李仁栄《イインヨン》統一相が、国連からの制裁にひっかからないよう「物々交換」を提案したことがある。これは南北間で初のことだった。

韓国側の民間団体である南北経総連統一農事協同組合と、北朝鮮側の開城高麗人参貿易会社間での、南北交流協力の承認を検討した。北朝鮮の酒などの輸入が目的だった。

ところがその後、開城高麗人参貿易会社が正恩の秘密資金を管理する三九号室の所属で国連の対北朝鮮制裁リストに含まれていることが分かり、白紙に戻ってしまった。

米国が理解を示さなければ、韓国だけで動くことはできない。ただ、そんな韓国のジレンマは、正恩には通じない。

ビラ配布を禁止した「金与正称賛法」の波紋

北朝鮮との関係を取り戻すために韓国政府は、二〇年暮れに「南北関係発展に関する法律」(南北関係発展法)を一部改正し、ビラ禁止を盛り込んだ。これは米国をはじめ世界から批判を浴びることになった。

韓国と北朝鮮の経済関係は、この南北関係発展法で進められている。二〇〇〇年に実現した最初の南北首脳会談を受けて制定された法律だ。

南北関係発展のための基本原則をはじめ、南北関係、韓国政府の責務、南北会談代表の任命および南北合意書の締結など、南北関係の発展に必要な事項が盛り込まれている。

もっとも特徴的なのは、お互いが国として認めていない韓国と北朝鮮の関係を「統一過程で暫定的に形成される特殊な関係」と新しく規定したことだ。これで南北関係の自由度が格段に増すことになった。

二〇年六月に起きた南北共同連絡事務所爆破は、韓国側からのビラが引き金となって起こった。これが法改正につながった。軍事境界線一帯でのビラ散布、拡声器を使った放送など南北合意書に違反する行為を行った場合、三年以下の懲役または三〇〇〇万ウォン以下の罰金を科すことが盛り込まれた。

これが「ビラ禁止法」と呼ばれるゆえんだ。保守系の最大野党「国民の力」は激しく反発した。この法案は、与正の要求に屈して作られたとして「金与正尊敬法」「金与正称賛法」だと皮肉った。

体制批判のビラを散布しているのは脱北者で作る団体だ。ハリウッドや韓国の映画を入れたUSBメモリーを、米ドルやコメとともに風船に乗せて北朝鮮側に飛ばしてきた。北朝鮮では、韓国からのビラを拾わないように教育されているが、USBは便利なためこっそり拾う人がいる。北朝鮮はコロナ禍で、国境が完全に封鎖され、情報が遮断されている。この法は、北朝鮮への情報流入を阻むことになり、情報統制に手を貸す結果にもなる。

米議会下院の超党派の「トム・ラントス人権委員会」が開催した公聴会でも取り上げられ、問題を指摘する意見が相次いだ。これを受けて、韓国の脱北者団体は、「ビラ禁止法」を無視して、北朝鮮に向けてビラを飛ばした。この問題は今後、バイデン政権との間で火種となるかもしれない。

中国か米国か、二股外交の韓国

韓国は、米国との同盟関係を背景に北朝鮮と対抗するのが基本路線だが、中国も無視できない。いつも米中の間の板挟みになる。

中韓関係は二〇一六年に、米軍のTHAAD（サード＝終末高高度防衛）ミサイルが配備されたことで冷え込んでいた。

これは米国が開発したミサイル防衛システムの一つだ。終末高高度（弾道ミサイルが大気圏に再突入する最終段階に達した直後の成層圏よりも高い高度）で迎撃し破壊する。

韓国ロッテグループは、傘下のゴルフ場をTHAADの配備地として提供した。このため中国は同国内のロッテ系列大型スーパーの店舗に対して、設備の不備などを理由に営業停止措置を課し、不買運動も起きた。一種の報復措置だった。

耐え切れなくなった韓国は二〇一七年一〇月末に「3NO原則」を掲げた。

（一）韓国内にTHAADを追加配備しない。
（二）米国のミサイル防衛網（MD）に加わらない。
（三）日米との軍事同盟を構築しない。

中国をこれ以上刺激しないための合意だった。中国に強く出られないのは、地理的に近いほか、貿易の依存度が高いためだ。

二〇年の中韓貿易額は、二四三四億ドル（輸出一三六二億ドル＋輸入一〇七二億ドル）で、韓国全体（一兆四五六億ドル）の二三・三％を占め、全体の四分の一に達した。米国（一三五三億ドル）と日本（七六〇億ドル）の貿易を合わせた量よりも多い（韓国の産業通商資源省と韓国貿易協会調べ）。

中国との貿易は、二〇一八年には五五六億ドルの貿易黒字を、一九年には二九〇億ドルの黒字をもたらしたドル箱だ。これを無視することは難しい。さらに、北朝鮮との関係改善には、伝統的友好国である中国の支援も必要になる。

バイデン米政権は韓国に対し、米国、日本、オーストラリア、インドで構成する非公式安保協議体「クアッド」（Quad）への参加を求めているが、韓国は難色を示している。クアッドとは、中国を牽制する安全保障協議体だ。韓国は参加した場合、中国からの圧力を受けることを心配しているのだ。

「平昌の夢」を追いかける文大統領

文在寅政権は、金正恩との南北首脳会談を三回実現させ、和解ムードを実現した。残念なことに一九年二月にハノイで行われた米朝首脳会談が成果なく終わったことで、北朝鮮側が韓国への不信感を強め、その後は交渉が途切れた。

そこで韓国政府が目をつけたのが東京五輪・パラリンピックだ。北朝鮮の代表が選手団とともに訪日すれば、文大統領も日本を訪問して南北関係を再構築できると読んだのだ。

二〇一八年二月に韓国で開かれた平昌冬季五輪では、思いがけなく正恩の妹の与正が訪韓し、南北の友好ムードが一気に広がった。韓国側は「平昌再び」と期待をかけた。

日本の菅義偉首相も心の中では、いきなり金正恩の訪日は無理と考えていただろう。日本国内では、北朝鮮に批判的な空気が強いからだ。

しかし、東京五輪に北朝鮮の選手団とともに政府高官が来れば、拉致問題解決の糸口になると期待していた。二〇年一〇月の国会所信表明演説でも、拉致問題は政権の最重要課題と前置きし、「私自身、条件をつけずに金正恩委員長と直接向き合う決意です」と述べている。

また同一一月の参院予算委でも菅首相は、正恩が東京五輪のため訪日した場合、日朝首脳会談を行う可能性を問われ、「仮定の質問に答えるのは差し控えるが、良い機会だ」と述べた。

これは単に思いつきの言葉ではない。期待感が思わず口から出たものだろう。しかし北朝鮮は二一年四月になって、東京五輪に参加しないことを明らかにした。これで、五輪の場を活用して北朝鮮情勢を進展させる計画は水泡に帰してしまった。

中国とは「血盟関係」が復活か

中国と北朝鮮といえば、東アジアで生き残った数少ない社会主義国だ。朝鮮戦争ではともに戦っているが、時々の国際情勢で、接近したり、離れたりを繰り返してきた。

しかし、米中対立が顕在化すると双方の利害が一致して、首脳会談を繰り返すようになった。二〇一八年三月から翌年六月までの間に、五回も会談をしている。いくら仲がよくてもこれだけ頻繁に会えば話題が尽きてしまうだろうと心配するレベルだ。二つの国は、三つのものでつながっている。それは貿易と観光、朝鮮戦争だ。

国連からの経済制裁によって、中国との貿易は大幅減少に追い込まれた。しかし観光は北朝鮮の飛行機を使い、制裁対象の製品を持ち込まないことなどで何とか続けられる。外貨稼ぎの手段として手元に残った。北朝鮮は国内に中国人が喜びそうな観光施設を建設し、中国側もこれを積極的に支援した。しかし、その観光も、コロナで壊滅状態となった。

残ったのは三つ目の「朝鮮戦争」だ。これは困った時に中朝が交わす「秘密の合言葉」のようなものだ。北朝鮮と国境を接する丹東では、中朝の友情を呼び起こす施設「抗美援朝記念館」が二〇年九月に装いをあらたにし、再オープンした。

朝鮮戦争への中国軍参戦をたたえる記念館で、一九五八年に設立された。「愛国主義教育の基地」にもなっていた。「抗美援朝」は、朝鮮戦争で中国軍が国連軍と戦った時の歴史的なスローガンだ。

私も、この記念館を訪ねたことがある。施設は広大だが、老朽化が目立っていた。修理、拡張工事のため、二〇一四年末から閉館していた。

このタイミングで大幅にリニューアルされたのは、もちろん政治的な意味がある。この戦争の当時、中朝関係は最高だった。「唇と歯の関係」とも称され、どちらかがなくなれば、もう一方も滅びるとして「血盟関係」が強調されていた。米国と中国の対立が激しくなる中、中国はできる限り、自国の味方になってくれる国を増やしたい。その一つが国境を接した伝統的友好国、北朝鮮なのだ。

ここ数年、中国は思想や体制の共通性でつながる北朝鮮との特別な関係を、「国と国との普通の関係」に変えようと努力していた。その証拠として、外交などの場において「血盟関係」に言及することもほとんどなくなっていた。

ところが習主席は、北朝鮮との関係を再び「血盟関係」に戻したいようだ。二〇二〇年一〇月二三日、北京の人民大会堂で開かれた「中国軍抗美援朝参戦七〇周年行事」に参席した習は「抗美援朝（朝鮮）戦争当時、中国と米国の国力の差は非常に大きかった」とし、「そのような大変な状況でも、中国軍と北朝鮮軍は生死をともにし、友情を築いた」と中朝の歴史的関係についてごく自然に言及した。

ロシアが北朝鮮との関係を維持する思惑

金正恩は、トランプ大統領との米朝首脳会談を実現する一方、米国に対抗心を燃やす中国やロシアとも首脳会談を行い、関係を強化した。三〇代の若さで約二五〇〇万人の国のトップに座ったにしては、なかなかの戦略家と言えよう。

ロシアが北朝鮮との関係を維持しているのは、二つの動機からとみていい。一つはロシア極東地域の経済発展だ。もう一つは、朝鮮半島までパイプラインを引き、ロシアの重要な輸出産品である天然ガスをアジアの市場に売りさばくことだ。

そんな思惑を持っているプーチン大統領は二〇一九年四月、ロシア極東ウラジオストクに近いルスキー島で、正恩と初めての首脳会談を行った。この島は、緑豊かなリゾート地である。

旧ソ連は冷戦期間中、北朝鮮と親密な軍事・貿易関係を築いていた。これは党と党の間の正式な関係であり、損得抜きの支援だった。

ところが、一九九一年のソ連崩壊によってロ朝両国間の貿易関係は大幅に縮小し、北朝鮮は別の同盟国である中国に、全面的に依存するようになった。実は北朝鮮の歴代の指導者は、中国を毛嫌いしてきた。中国が、経済的な支援を行う代わりに、北朝鮮に対して経済改革の実現を陰に陽に求めて来たためだ。要するに「口うるさい」のだ。

一方、ロシアは口も出さないが、カネも出さない。北朝鮮にとっては物足りない相手だった。

プーチン政権下で経済回復を果たしたロシアは、二〇一四年になって、旧ソ連時代に北朝鮮に提供した借款一〇〇億ドルを帳消しにすることを発表した。ロシアには大きな損失となるが、見返りとして北朝鮮に対する影響力を確保できると読んでいるのだろう。

もともと、ロシア極東地域では北朝鮮の派遣労働者が働いていた。賃金が安く、苛酷な環境でもよく働く。そんな彼らは、この地域の建設業や林業における貴重な労働力となっていた。国連安保理制裁の影響で北朝鮮労働者の確保は難しくなったが、ロシアは、南北朝鮮との長期的な経済協力を願っている。

また北朝鮮と緊密な関係を築くことは、世界を二分する強国である米国と中国への牽制になるとの計算もある。このため核問題でも、常に北朝鮮側に立って、友好関係を維持している。

ロシアとの兵器コネクション

それでは北朝鮮はロシアに何を期待しているのか。ロシアは国連安保理の常任理事国だ。国連において北朝鮮の言い分を代弁してもらい、あわよくば制裁解除につなげたい。そして何よりもロシアの兵器に魅力を感じている。

以下は北朝鮮の軍事関係に詳しい脱北者から、私が聞いた話だ。正恩は常に米国の高性能ステルス戦闘機に不安を抱いている。突然上空に侵入され、攻撃されれば手の打ちようがない。攻撃に遭わないように表に出なくなっているとの報道もある（韓国・聯合ニュース、二〇一六年二月一八日）。

一九年に正恩が訪ロした際には、軍の幹部である李永吉《リヨンギル》軍総参謀長が随行した。これは、正恩がプーチン大統領にステルス機能のある新型戦闘機「スホイ」を譲るよう求めるためだったという。北朝鮮との武器取引は国連制裁にかかるため、ロシアも簡単には応じられないが、米朝間の緊張が高まれば、裏で技術協力することもあり得よう。

ロシアの関与は、すでに北朝鮮のミサイル開発で噂されている。北朝鮮が開発した「戦術誘導兵器」と呼ぶ短距離弾道ミサイルだ。ロシア軍の「イスカンデルM」に外形が酷似している。性能面でも、よく似ている。

(一) 発射まで時間のかかる液体燃料ではなく、短時間で発射可能な固体燃料を使用。
(二) 低い弾道軌道や不規則軌道を描き、迎撃が難しい。
(三) 精密攻撃が可能。
(四) 通常兵器のほか核兵器も搭載可能。

このようにきわめて厄介な兵器だ。これらの新技術の裏にはロシアの協力があるとの見方が強い。

また、北朝鮮が開発を進めている潜水艦についても、専門家の中には、北朝鮮が過去にロシアで買ってきた潜水艦を改造したものではないかとの見方がある。今後もロシアとの秘密めいた関係は続くだろう。

疑われる日本政府の本気度

最後に、北朝鮮と日本の関係を考えてみよう。韓国の主要紙・中央日報の李永鐘《イヨンジョン》記者が、こんな話をしていたのを記憶している。

李は、「平壌特派員」と呼ばれるほど、北朝鮮の事情に通じており、数知れず訪朝している。彼は正恩の母・高容姫が日本から北朝鮮に帰国した在日コリアンなので、正恩は日本には親近感を持っているのではないかと話した。

子どものころは確かにそうだった。しかし指導者になってからは、公の場所で日本について ほとんど言及していない。ただ、トランプ大統領や文在寅大統領との会談の場では語っていたようだ。

例えば二〇一八年四月の南北首脳会談では、文大統領が「日朝国交正常化を望んでいる」との安倍晋三首相のメッセージを伝えた。

これに対して金正恩は、「いつでも日本と対話する用意がある」と返答したという。しかし、あまり乗り気ではなさそうな口ぶりだった。社交辞令に過ぎない印象を受ける。

それは、自分の母親である高容姫と関係があるだろう。彼女は、北朝鮮内でも金正日総書記の正式な妻と認められないまま死去した。生前は、ひと目を忍んで日本に来てはストレスを発散していたという。

日本では、北朝鮮で使いにくい日本語を使い、朝鮮総連幹部から接待を受ける日々だったと伝えられる。実母と日本との関係は今でもタブーなのだ。正恩にとっても、日本は「距離を置きたい存在」に違いない。

安倍晋三前首相は、その正恩との日朝首脳会談について、「前提条件なし」の実現を模索する考えを表明した。一九年五月のことだ。それまでは「圧力一辺倒」だったが、トランプ米大統領が、正恩との首脳会談を繰り返す中、日本としても対話を行う必要が出てきた。

この姿勢は、菅首相にも受け継がれている。しかし北朝鮮側は無視するどころか、拉致問題については「すでに解決済み」との姿勢を繰り返している。

当の日本政府の「本気度」は、実はかなり疑われている。韓国は二〇一八年に南北首脳会談を実現させた。政府高官を日本に派遣して、その結果を日本側に説明したが、この高官は「日本側に拉致解決の熱意が感じられない」と漏らしていたという。私が関係者から聞いた話だ。

逆に北朝鮮は、国連などの場では「拉致はすでに解決した問題」と一貫して主張している。北朝鮮の朝鮮中央通信は二〇年一二月二三日に出した論評で、「日本が騒いでいる拉致問題はすでにすべて解決した問題」とし、日本の政治家が拉致問題を口にしながら「国際社会と連携」と騒ぎ立てるのは、政治的な目的を実現するためにこの問題を悪用しようとするものと批判した。

「拉致問題における被害者はわれわれである」と主張。強制徴用問題と慰安婦問題に言及したうえで、国際化しなければならない問題、解決すべき政治的な問題は、日本による「過去の清算」と主張した。

とりつく島がないというのはこのことだろう。正恩自身が心変わりしない限り、拉致問題の進展は困難と言うしかない。

日本政府が「前提条件なし」と言っているのは、「やってる感」を出しているに過ぎない。こう書けば、安倍前首相も菅首相も長年、問題解決に努力してきたと反論が出るだろう。ことあるごとに解決に向けて最善を尽くすと表明してきたのは事実だが、外交は結果を出さなければ意味がない。一刻も早く帰国させろと海を挟んで叫んでも、相手は乗ってくるはずはない。

北朝鮮で拘束され、解放に成功したケースは過去にもある。それを研究し、見習うべきだ。例えば韓国系米国人のキリスト教宣教師、裵峻皓《ベジュンホ》（米国名ケネス・ペ）だ。

二〇〇五年に中国へ渡り、北朝鮮専門の旅行会社を設立した彼は、一二年一一月、ツアー団を率いて訪朝した際に拘束された。容疑の具体的な内容は明らかにされていないが、北朝鮮側は「キリスト教徒による体制転覆計画に加担した」と主張した。裵は、「北朝鮮に敵対する内容の情報が入ったハードディスクを誤って持ち込んでしまった」と説明している。

裵の拘束期間は朝鮮戦争以降、米国人としてはもっとも長期に及んだ。拘束中に労働させられている様子も、北朝鮮メディアで何度も伝えられ、見せしめにされていた。

解放後に出演したCNNの番組で、裵は服役生活を振り返り、「午前六時から午後八時まで、野外で石を運んだり石炭を掘ったりして働いた」と語った。

強制労働という肉体的な苦痛に加え、北朝鮮の当局者から言葉の暴力も受けた。「誰もお前を覚えていない。すでに米国の人々からも政府からも忘れられている。ここに今後一五年間住むのだから、帰国する前に六〇歳になる」などと、罵倒する言葉を繰り返し浴びせられたという。

一四年一一月になって裵は、個人ツアーで同国を訪れた際に拘束されていたカリフォルニア州出身のマシュー・ミラーとともにようやく解放された。

解放交渉にはジェームズ・クラッパー米国家情報長官があたった。米国務省は声明で、クラッパー長官が北朝鮮を訪問し、二人の解放に向けて北朝鮮側と交渉したと明らかにしたが、「北朝鮮に対して何らの見返りも与えていない」と発表している。

オバマ米大統領からの親書を受け取った正恩が、裵の解放を命じたのだ。ここから分かるのは、政府高官を平壌に派遣し、引き取り交渉をする必要があるということだ。その際、北朝鮮側への謝罪もあったと思われる。理不尽ではあっても、相手のグラウンドで、言い分に従うことも必要になるはずだ。

北朝鮮との関係改善は日本にとってプラスになる

拉致問題は深刻な人権問題ではあるが、これだけ長い間動かなかった根本の理由を考え、対応しなければ、今後も進展しない。若い人の中には拉致問題を知らない人もいる。

もし日本が本格的に解決に乗り出せば、北朝鮮から戦後補償問題を持ち出されるのは確実だ。国民を説得するなど、莫大な政治的なエネルギーが必要になる。それなら当面現状維持の方がいい。日本政府に、そんな潜在意識はないだろうか。北朝鮮は今、三重苦の中にいるが、日本との交渉にはすっかり興味を失っている。

二〇二〇年八月二八日に安倍晋三首相は突然辞任を表明したが、その際、「拉致問題をこの手で解決できなかったことは痛恨の極み」と述べた。解決を図るのなら、他の方法を取るべきだった。

石破茂元防衛相が総裁選などで提案した方法が参考になる。まず交渉は表舞台で進める。そして東京と平壌に相互の連絡事務所を設けて、交渉の窓口とすることだ。私が考えても効果的な方法だと思う。接触することがまず必要だ。

さらに朝鮮学校への公的支援を検討し、総連幹部の北朝鮮への再入国禁止など、日本独自の対北朝鮮制裁を徐々に解除していく措置も役立つはずだ。ビジョンのないまま制裁をずるずる続けても、進展はないだろう。

日朝首脳会談は二〇〇二年に実現しているが、権力の中核にあった国防委員会の関係者と直接交渉し、金正日と連絡をつけた。国防委が金正日につながるラインだと見極めていたからだ。

しかし、長い間日朝関係が停滞した影響で、これらのラインは全て切れてしまったようだ。金正日総書記時代以来、日本との秘密協議を担う人物が北朝鮮側にいた。二〇〇二年の小泉純一郎首相の訪朝実現に至る協議を支えた一人で、一四年に拉致被害者田中実さんら二人の入国情報を日本に伝えた（共同通信、二〇二二年四月一五日）。

この交渉役は、日本との秘密協議を担っていた「ミスターX」と呼ばれた国家安全保衛部（現・国家保衛省）幹部の部下だった。日本語が堪能で日本側と電話でやりとりすることもあったという。

今なら、正恩の実妹で、正恩の信頼が厚い金与正が適任だ。海外に彼女が出るタイミングを利用して、接触を図るべきだ。日本政府内にも、同じ意見があると聞いている。

拉致問題の影響から、日本では北朝鮮は「悪魔の国」のような言い方をされる。しかし北朝鮮との関係改善は、長い目でみれば日本にとってプラスになる。

朝鮮戦争が正式に終わり、南北の平和共存をうたう新たな条約が締結されれば、ほどなくして統一が実現し、人口約八〇〇〇万人の朝鮮が生まれる。日本にとって安保上の脅威になるとか、巨大な反日国家になるとの見方もある。しかし、これは短絡的だ。

韓国と北朝鮮は、経済規模が四〇倍以上離れている。北朝鮮の人々は思想的にも全く異質であり、相当な混乱が予想される。現状で統一した場合、韓国は経済的に落ち込み、大きな荷物を背負うことになるのは避けられない。

このため、事前に北朝鮮の経済発展を実現する必要がある。その資金を唯一、合法的に受け取れるのは日本しかない。二〇〇二年に出された日朝平壌宣言では、国交正常化にあたって、第二次大戦終戦前の両国と両国民に関する財産及び請求権を相互に放棄するとの原則を確認したうえで、日本から経済協力を行うことを約束している。これは北朝鮮の経済発展に大きなプラス効果をもたらすはずだ。

日本からの二兆円が及ぼす効果

韓国の大手証券会社・サムスン証券の朝鮮投資戦略チームが一八年六月に北朝鮮に関するレポートをまとめた。このレポートも、平壌宣言の重要性を指摘している。レポートは、北朝鮮は日本から二〇〇億ドル（約二兆二百億円）を受け取ることができると試算、韓国メディアで大きく報道された。

この資金で、まず北朝鮮のインフラ整備が可能になる。北朝鮮に埋蔵されている鉱物資源の開発も進むだろう。北朝鮮には耐火煉瓦や建材など多種多様な用途に使われるマグネサイトという物質が世界三位、黒鉛も同じく三位の埋蔵量がある（米地質調査局、二〇一五年）。

サムスン証券のレポートは、日朝国交正常化が実現し、日本からの経済支援が実現すれば、「日本の影響力が過度に高まる懸念もある」とも述べている。日朝国交正常化でむしろ北朝鮮に対する日本の影響力が強まり、南北統一の障害になりかねないということだろう。

逆に言えば、北朝鮮と対決するのではなく関係改善を進めた方が、北朝鮮の良質な労働力や、手つかずの観光資源を生かす道が開け、日本にとってメリットがあるということだ。

もちろん日本人拉致被害者の帰国も、実現する可能性が高まるはずだ。長い目でみれば防衛負担を減らすことも可能になるだろう。日本にとって得るものが多い。発想を変えない限り、日朝関係は動かない。

主な参考資料（本文に出てくるものは除外した）

書籍

『金正恩リーダーシップ研究』世宗研究所（韓国語）
石坂浩一編著『北朝鮮を知るための55章』明石書店、二〇一九
古川勝久『北朝鮮 核の資金源――「国連捜査」秘録』新潮社、二〇一七
礒﨑敦仁『北朝鮮と観光』毎日新聞出版、二〇一九
周成賀『平壌資本主義百科全書――周成賀記者が伝える本当の北朝鮮の話』森善伸子訳、社会評論社、二〇二〇
三村光弘『現代朝鮮経済――挫折と再生への歩み』日本評論社、二〇一七
李佑泓『どん底の共和国――北朝鮮不作の構造』亜紀書房、一九八九
文聖姫『麦酒とテポドン――経済から読み解く北朝鮮』平凡社新書、二〇一八
アンナ・ファイフィールド『金正恩の実像――世界を翻弄する独裁者』高取芳彦・廣幡晴菜訳、扶桑社、二〇二〇
KBS〈だれが北朝鮮を動かしているのか〉制作班、リュ・ジョンフン『北朝鮮 おどろきの大転換』すんみ・小山内園子・文聖姫訳、河出書房新社、二〇一八

ウェブサイト
韓国統一研究院
韓国国防研究院
北韓大学院大学
韓国峨山政策研究院
韓国国家安保戦略研究院
韓国対外経済政策研究院
日本経済研究センター
朝鮮新報 第八回党大会特集

映像
「北朝鮮の武器取り引き潜入ドキュメンタリー」NHK BS1、二〇二一年二月二一日
脱北者によるYouTubeチャンネル（カン・ナラ、ナ・ミンヒ、ジョン・ユナ、周成河、安燦一、姜哲煥、康明道、太永浩）
「いま会いに行きます」韓国・チャンネルAテレビ
「牡丹峰クラブ」韓国TV朝鮮（いずれも脱北者が多数出演。一部は日本からYouTubeで視聴可能）

【著者】
五味洋治（ごみ ようじ）
1958年長野県生まれ。82年早稲田大学第一文学部卒業。83年東京新聞（中日新聞東京本社）入社、政治部などを経て97年韓国延世大学校に語学留学。99～2002年ソウル支局、03～06年中国総局勤務。08～09年、フルブライト交換留学生として米ジョージタウン大学に客員研究員として在籍。現在、論説委員。主に朝鮮半島問題を取材。専修大学非常勤講師も務める。著書に『朝鮮戦争は、なぜ終わらないのか』（創元社）、『金正恩 狂気と孤独の独裁者のすべて』（文藝春秋）、『父・金正日と私 金正男独占告白』（文春文庫）、『女が動かす北朝鮮 金王朝三代「大奥」秘録』（文春新書）などがある。

平凡社新書978

金正恩が表舞台から消える日
北朝鮮 水面下の権力闘争

発行日――2021年7月15日 初版第1刷

著者――五味洋治
発行者――下中美都
発行所――株式会社平凡社
東京都千代田区神田神保町3-29 〒101-0051
電話 東京（03）3230-6580［編集］
東京（03）3230-6573［営業］
振替 00180-0-29639
印刷・製本―図書印刷株式会社
装幀――菊地信義

ISBN978-4-582-85978-2
NDC分類番号312.21 新書判（17.2cm） 総ページ224
平凡社ホームページ https://www.heibonsha.co.jp/